主编／陈元甫
编委／田正标　郑建明　孟国平

---

# 古越瓷韵

## 浙江出土商周原始瓷集粹

浙江省文物考古研究所

文物出版社

# 编辑说明

1. 全书共收录浙江省各地出土原始瓷器267件（套），其中17件为近年德清原始瓷窑址新出土的器物，其余250件（套）器物主要出土于全省各地的墓葬。

2. 出土于墓葬等的250件（套）器物的图片编排，以时代为序，在时代相同的情况下，按地区按县编排，一个县同一考古单元或同一时间同一地点出土的器物，集中排在一起，以方便大家从组合共存关系角度进行比较与研究。

3. 窑址出土的17件器物，收录在了图录的最后，以各窑址为最小单位集中编排，以便于墓葬等出土物与窑址产品的比对。

# 目录

# 图版目录

127 / 提梁盉　战国 …………………………………………………………………… 1987 年绍兴县上蒋乡上蒋村出土

128 / 三足壶　战国 …………………………………………………………………… 1979 年绍兴县皋埠镇唐家村出土

129 / 瓿　战国 …………………………………………………………………………… 1994 年绍兴县皋埠镇出土

130 / 盖鼎　战国 ……………………………………………………… 1995 年绍兴县福全镇洪家墩村猪头山出土

131 / 盖鼎　战国 ……………………………………………………… 1995 年绍兴县福全镇洪家墩村猪头山出土

132 / 盖鼎　战国 ……………………………………………………… 1995 年绍兴县福全镇洪家墩村猪头山出土

133 / 甋形鼎　战国 …………………………………………………… 1995 年绍兴县福全镇洪家墩村猪头山出土

134 / 高把豆　战国 …………………………………………………… 1995 年绍兴县福全镇洪家墩村猪头山出土

135 / 深腹盒　战国 …………………………………………………… 1995 年绍兴县福全镇洪家墩村猪头山出土

136 / 直腹盘　战国 …………………………………………………… 1995 年绍兴县福全镇洪家墩村猪头山出土

137 / 提梁盉　战国 ……………………………………………… 1981 年绍兴县平水镇上灶村虎山砖瓦厂出土

138 / 盆形鼎　战国 …………………………………………………… 1989 年绍兴县上灶乡上灶村大教场出土

139 / 盆形鼎　战国 ………………………………………………………… 1989 年绍兴县上灶乡上灶村出土

140 / 盆形小鼎　战国 ……………………………………………………… 2002 年绍兴县平水镇上灶村出土

141 / 杯　战国 ………………………………………………………………… 2002 年绍兴县平水镇上灶村出土

142 / 圈足盘　战国 ………………………………………………………… 1995 年绍兴县平水镇上灶村出土

143 / 敛口盆　战国 ……………………………………………………………… 绍兴县平水镇上灶村出土

144 / 镇　战国 ………………………………………………………………… 2000 年绍兴县平水镇中灶村出土

144 / 镇　战国 ………………………………………………………………… 2000 年绍兴县平水镇中灶村出土

145 / 镇　战国 ………………………………………………………………… 2000 年绍兴县平水镇中灶村出土

145 / 镇　战国 ………………………………………………………………… 2000 年绍兴县平水镇中灶村出土

146 / 镇　战国 ……………………………………………………………… 1991 年绍兴县平水镇陈家坞村出土

147 / 平底鉴　战国 ………………………………………………………… 1991 年绍兴县平水镇陈家坞村出土

148 / 盅式碗　战国 ………………………………………………………… 1985 年绍兴县上灶乡诸家溇出土

149 / 双耳罐　战国 …………………………………………………………… 绍兴县平水镇平水江水库出土

150 / 兽面鼎　战国 ………………………………………………………… 2002 年绍兴县漓渚镇小步村出土

151 / 盆形鼎　战国 ……………………………………………………… 2002 年绍兴县漓渚镇小步村瓦窑山出土

152 / 壶　战国 …………………………………………………………… 2002 年绍兴县漓渚镇小步村瓦窑山出土

153 / 平底鉴　战国 ……………………………………………………… 2002 年绍兴县漓渚镇小步村瓦窑山出土

154 / 三足鉴　战国 ……………………………………………………… 2002 年绍兴县漓渚镇小步村瓦窑山出土

155 / 匜　战国 ……………………………………………………………… 1996 年绍兴县漓渚镇大兴村出土

156 / 直腹簋　战国 ………………………………………………………………… 2009 年绍兴县漓渚镇出土

157 / 三足缶　战国 ………………………………………………………… 2005 年绍兴县陶堰镇眠狗山出土

158 / 平底鉴　战国 ………………………………………………………… 2005 年绍兴县陶堰镇眠狗山出土

159 / 三足烤炉　战国 ……………………………………………………… 2005 年绍兴县陶堰镇眠狗山出土

160 / 兽面鼎　战国 …………………………………………………… 1989 年绍兴县解放乡张家葑村乱竹山出土

161 / 提梁盉　战国 ………………………………………………………… 1970 年绍兴县红旗公社向阳大队出土

162 / 高把豆　战国 ………………………………………………………… 1996 年绍兴县兰亭镇里木栅村出土

200 / 镈　　　战国 ················································································· 2003 年长兴县鼻子山 M1 出土

201 / 镈　　　战国 ················································································· 2003 年长兴县鼻子山 M1 出土

202 / 句鑃　　战国 ················································································· 2003 年长兴县鼻子山 M1 出土

203 / 句鑃　　战国 ················································································· 2003 年长兴县鼻子山 M1 出土

204 / 錞于　　战国 ················································································· 2003 年长兴县鼻子山 M1 出土

205 / 磬　　　战国 ················································································· 2003 年长兴县鼻子山 M1 出土

206 / 镇　　　战国 ················································································· 2003 年长兴县鼻子山 M1 出土

207 / 璧　　　战国 ·························································· 2004 年安吉县递铺镇古城村龙山 D141M1 出土

208 / 圈足烤炉　战国 ·························································································· 2000 年安吉县高禹吟诗出土

209 / 镂孔长颈瓶　战国 ··············································································· 1999 年杭州市半山 D20T5M5 出土

210 / 甬钟　　战国 ·················································· 1990 年杭州市半山石塘工农砖瓦厂出土

211 / 甬钟　　战国 ·················································· 1990 年杭州市半山石塘工农砖瓦厂出土

212 / 振铎　　战国 ·················································· 1990 年杭州市半山石塘工农砖瓦厂出土

213 / 振铎　　战国 ·················································· 1990 年杭州市半山石塘工农砖瓦厂出土

214 / 句鑃　　战国 ·················································· 1990 年杭州市半山石塘工农砖瓦厂出土

215 / 镇　　　战国 ·················································· 1990 年杭州市半山石塘工农砖瓦厂出土

216 / 兽面鼎　战国 ······························································ 杭州市余杭区崇贤水洪庙出土

217 / 瓿　　　战国 ·································································· 1984 年杭州市余杭区崇贤老鸦桥出土

218 / 甬钟　　战国 ·································································· 1984 年杭州市余杭区崇贤老鸦桥出土

219 / 甬钟　　战国 ·································································· 1984 年杭州市余杭区崇贤老鸦桥出土

219 / 甬钟　　战国 ·································································· 1984 年杭州市余杭区崇贤老鸦桥出土

220 / 钵　　　战国 ·································································· 1984 年杭州市余杭区崇贤老鸦桥出土

221 / 三足鉴　战国 ·································································· 2000 年杭州市余杭区大陆顾家埠出土

222 / 双耳罐　战国 ·································································· 2000 年杭州市余杭区大陆顾家埠出土

223 / 镇　　　战国 ·································································· 2000 年杭州市余杭区大陆顾家埠出土

223 / 镇　　　战国 ·································································· 2000 年杭州市余杭区大陆顾家埠出土

224 / 句鑃　　战国 ·································································· 2000 年杭州市余杭区大陆顾家埠出土

225 / 句鑃　　战国 ·································································· 2000 年杭州市余杭区大陆顾家埠出土

225 / 句鑃　　战国 ·································································· 2000 年杭州市余杭区大陆顾家埠出土

226 / 杯　　　战国 ······································································· 1989 年余杭区长命柏树庙出土

227 / 单把罐　战国 ·································································· 1981 年杭州市余杭区潘板大溪出土

228 / 三足虎子　战国 ································································································ 杭州市余杭区出土

229 / 璧　　　战国 ··············································································· 1997 年杭州市余杭区出土

230 / 圈状器　战国 ····································································································· 杭州市余杭区出土

231 / 匜　　　战国 ············································································· 1978 年桐乡市安兴董家桥出土

232 / 扁腹壶　战国 ················································································· 1974 年桐乡市虎啸卢母出土

233 / 浅腹盒　战国 ················································································· 1974 年桐乡市虎啸卢母出土

234 / 提梁盉　战国 ················································································· 1976 年桐乡市炉头利民出土

# 浙江出土商周原始瓷概述

陈元甫

## 一

瓷器最早发明于中国，瓷器的兴起和繁荣在中华文明的历史进程中占有极为重要的地位。而原始瓷是中国瓷器的鼻祖，它的创烧成功，揭开了中国瓷器发展的序幕。

原始瓷，又称原始青瓷，是瓷器初创阶段的一种制品，它是在烧制印纹硬陶的基础上发展产生的。这种制品已用瓷土作胎，经1100℃～1200℃左右高温烧成，胎质基本烧结，胎体吸水性很弱，表面施高温玻璃质釉，与一般陶器相比，在胎泥的化学组成和物理性能方面，都有了质的不同，已具备瓷器的基本特征，属于瓷器的范畴。只是由于工艺水平的限制，这种刚刚出现的制品，不可避免地带有许多原始性，在原料的选择和坯泥的练制处理方面还不是那么精细，烧结的程度也略有欠缺，吸水率还偏高，其生产技艺和产品质量与后来的成熟青瓷相比，尚具有一定的差距，属于还不够成熟的瓷器，是瓷器的初期形态。然而，原始瓷的发明，实现了从陶到瓷的质的飞跃，具有划时代的意义。

原始瓷出现在我国刚迈入文明门槛的夏商之际，流行于整个商周时期。经过新石器时代数千年制陶技术的积累，夏商之际，在原料选择、窑炉技术、烧成温度控制等方面都获得了重大突破，并且成功地创造发明了能使器物表面光洁发亮、更加美观实用的人工釉，因此，生产出了中国最早的瓷器——原始瓷，成为中国瓷器的滥觞。

原始瓷是我国南方百越民族中最为古老、最为强大的一支——于越族的伟大发明与创造。浙江，作为于越人的主要活动区域和建国之地，其出土原始瓷的情况具有以下几个特点：

浙江是原始瓷出土数量最多最为集中的地区。北方地区出土的原始瓷，主要见于河南、山东、山西和陕西这四个省，不仅数量少，而且不普遍——往往只出于少量贵族墓和等级较高的遗址与城址，不见于中、下层小墓和等级较低的遗址中——原始瓷在北方地区显然属于珍稀物品。而浙江全省各地基本都有原始瓷出土，不仅数量极多，而且相当普遍——不论墓主身份高低，墓葬规模大小，原始瓷器几乎成为最基本的随葬品，区别只在于数量和质量上的差异；遗址也不局限在城址或等级较高的重要遗址，一般的村落遗址也会有原始瓷出土。

浙江是发现最早的原始瓷的重要地区。湖州毗山遗址在年代相当于中原夏末至商中期的地层中，就有一些原始瓷豆的残片与数量较多的硬陶器残片同时出土；湖州钱山漾遗址在与毗山遗址年代基本相同的地层中，也出土有少量原始瓷残片——这是目前南方地区出土最早的原始瓷。其他出土商代原始瓷的地点还有江山、长兴、余杭等。

浙江是最早烧造原始瓷器的地区，同时也是烧造原始瓷的中心地区。烧造原始瓷的窑址，北方地区至今尚无发现，南方地区，除了零星见于江西的清江吴城和鹰潭角山、福建的武夷山和德化、广东的博罗等地外，绝大部分集中在浙江境内。浙江地区发现的商周原始瓷窑址已达近百处之多，集中分布在于越族的中心区域——钱塘江以北的杭嘉湖地区和钱塘江以南的宁绍地区。

浙江是原始瓷从早到晚发展序列最全、最完整的地区。北方地区出土的原始瓷多是早期原始瓷，商和西周的数量相对较多，而春秋以后的发现很少，甚至基本绝迹。而浙江地区，商代—西周—春秋—战国，各个历史时期的原始瓷均出土较多，从早到晚自成序列，而且时代越晚越丰富，反映出当时原始瓷生产迅速发展、使用日益广泛的历史背景。

# 二

浙江的原始瓷广泛出土于商周时期的遗址、墓葬和窑址中，以墓葬出土最为丰富。

浙江商周时期墓葬分布普遍，时代从商代一直延续到战国。在这些墓葬中，不管是土墩墓还是土坑墓，几乎每座墓都出土有原始瓷，有的墓中出土数量竟达几十乃至近百件之多，和印纹硬陶一起构成了浙江地区商周时期越墓最为基本和主要的随葬品。墓葬出土原始瓷不但数量众多，而且具有组合明确、器形完整的独特优点，是我们认知各时期原始瓷面貌的最佳材料。特别是土墩墓所具有的大量叠压打破关系和明确的共存组合关系，更为我们认识各时期原始瓷的时代特征和进行分期研究提供了充分的考古学依据。

由于埋藏较浅等方面的原因，浙江商周时期的聚落遗址大多保存较差，地层堆积丰厚和保存较好的不是很多，加之经科学考古发掘的甚少，因此遗址中出土的原始瓷数量相对要少得多。在已发掘的湖州昆山、绍兴壶瓶山、绍兴袍谷、玉环三合潭、桐乡董家桥、安吉大树墩等商周遗址中，虽然均出土有一些原始瓷器，但数量不多。另外，原始瓷在当时是一种珍贵物品，具有机械强度大、相对不易破损的特点，使用寿命远长于一般陶器，这无疑也是遗址出土原始瓷相对较少的重要原因。总体来说，遗址中出土原始瓷比例要大大低于墓葬，出土的完整性也远不如墓葬。

浙江烧造原始瓷的窑址有大量发现，窑址中出土的原始瓷数量也比较多。窑址出土的原始瓷虽均是当时因烧坏而丢弃的废次品，大多残破不完整，但它不仅可以解决遗址和墓葬中出土的众多原始瓷器的烧造产地问题，而且有利于对各时期原始瓷产品特征的把握与认知，进一步校验与印证土墩墓的分期研究成果。同时，由于窑址是整个原始瓷生产过程的载体，窑址出土的产品，往往伴存有制作工艺、烧造窑炉、装烧方法等方面的遗迹和遗物，因此，较之墓葬和遗址，窑址更有利于对制瓷工艺等方面的全面考察。

浙江发现的商周原始瓷窑址已达近百处之多，主要集中分布在两个区域。第一个区域是钱塘江以南的萧绍平原，包括萧山、绍兴、诸暨这些地区，其中以萧山进化镇范围内最为集中，这里已发现茅湾里、前山、安山等窑址20多处。绍兴的皋埠吼山和富盛长竹园、诸暨的阮市柁山坞也都有一些原始瓷窑址发现。这一区域的窑址烧造年代普遍较晚，均为春秋晚期至战国时期，而且大多数都是原始瓷器与印纹硬陶器同窑合烧，产品也较为单一，主要是碗、杯类日用器物，不见大型的仿铜礼乐器类产品。第二个区域是钱塘江北以德清为中心、包括湖州南部在内的东苕溪中游地区，这里原始瓷窑址最多最为密集，目前发现的已达六七十处，绝大部分集中在德清县境内的龙山村周围一带，与之毗邻的湖州南部青山一带也有一批窑址发现。这一区域内不但发现了大量西周至战国时期的原始瓷窑址，而且还发现了湖州黄梅山、老鼠山和周家山，德清水洞坞、安全山等十多处商代原始瓷窑址，是目前发现的最早的原始瓷窑址群。该窑区产品既有一般的日用器，也有大量仿铜礼乐器。材料表明，这一区域既是原始瓷窑址分布的重点地区，也是原始瓷的最早烧造地。

综观迄今调查和发掘资料，浙江地区商至春秋早期的原始瓷窑址集中分布在以德清为中心、包括湖州南部在内的东苕溪中游地区，春秋中期以后至战国，原始瓷窑址的分布开始扩展到了萧绍平原的萧山、绍兴和诸暨等地，但东苕溪中游地区仍为分布重点，特别是烧造仿青铜礼器与乐器的窑址，仅发现于东苕溪中游地区。

以德清为中心、包括湖州南部在内的东苕溪中游这一区域的原始瓷窑址，具有以下明显特点：

一是出现时间早，持续时间长。从商代开始，历经西周、春秋，至战国时期，连续不断，不间断生产，而且窑址数量不断增加，烧造规模越来越大，是目前国内已知烧造时间最早、持续时间最长、而且是一直不间断生产的商周原始瓷窑址群。

二是窑址众多，分布密集。目前已发现窑址六七十处，生产规模很大，具有集群性的生产状态，而且多数窑址分布面积大，废品堆积丰厚，有的甚至厚达数米，烧造时间长，烧造产量大。

三是产品种类丰富，产品档次高。像时代为西周中晚期至春秋早中期的德清火烧山窑址，就烧造尊、鼎、簋、卣、桶形器等礼器类器物。特别是以亭子桥为代表的一大批战国窑址，除生产碗、杯、碟类日用器物外，还大量烧造象征身份与地位、具有特殊意义的仿铜礼器和乐器等贵族用品，器类包括鼎、簋、尊、豆、壶、罐、瓿、盘、盆、鉴、镂孔瓶、提梁壶、提梁盉、匜、钵、镇、编钟、句鑃、錞于、缶、悬鼓座等，是目前已知专门为越国王室贵族烧造高档仿铜礼仪用品的唯一窑区。此类窑址的发现，为江浙地区越国贵族墓中出土的一大批仿铜原始瓷礼乐器找到了明确的窑口和产地。

四是最早使用支垫窑具。在一批战国窑址中，一般小型器物继续采用单件着地装烧或多件着地套装叠烧的方法，大型仿铜礼乐器则使用以抬高窑位的大型支垫窑具单件支烧，装烧工艺已显得相当成熟。支垫窑具形式丰富多样，以往被认为到东汉时期才开始使用的各种支垫具，实际上在德清战国窑址群中已大量使用，成为此时大批高质量仿铜礼乐器烧制成功的重要技术支撑。它将我国瓷器生产中开始使用这种支垫窑具的历史，从原来认为的东汉，提早到了战国时期。

五是产品质量高。特别是战国时期的产品大多体形硕大，制作规整，烧成温度高，胎质细腻坚致，釉色青翠匀润，玻璃质感强，胎釉结合良好，产品质量已接近成熟青瓷的水平。

因此，以德清为中心，包括湖州南部在内的东苕溪中游地区，是商周时期的制瓷中心，是中国瓷器重要的发源地。其商周原始瓷窑址群，无论是烧造时间、生产规模，还是器形种类、产品质量等方面，在全国都显得独一无二，一枝独秀，在中国瓷器发展史上占有极其重要的地位。

三

虽然商周原始瓷广泛分布于浙江全省各地，时代从商代一直延续到战国，但从目前调查和发掘资料看，各时段、各地区的分布和出土并不平衡。

从总体上看，原始瓷以于越族分布的中心区域——宁绍地区和杭嘉湖地区最为丰富集中，金衢地区也有较多发现，东南沿海的台州和温州地区出土较少，位于浙西南的丽水地区则少有发现。其中，除了杭嘉湖地区在整个商周时期都是原始瓷出土的重点地区外，商代到春秋早期金衢地区也是重要区域之一，而到了春秋晚期至战国时期宁绍地区才一跃成为原始瓷分布最为重要的地区。

商代的原始瓷，出土数量和地点都比较少。2010 年发掘湖州老鼠山窑址出土的大量商代原始瓷，无疑是商代原始瓷的重大发现，湖州昆山和钱山漾遗址出土的商代原始瓷标本可与之对应。由于商代墓葬发现甚少，因此从墓葬中出土的商代原始瓷更显得是凤毛麟角，1977 年和 1979 年在江山市王村地山岗平天塘与和睦公社乌里山调查试掘的 3 座商代土墩墓，无疑是一批重要的墓葬材料，其中出土的 3 件原始瓷豆，是浙江省内最早从墓葬出土的商代原始瓷。最近在德清县城郊的三桥村小紫山新发现的几座商代浅土坑墓中，又出土了一些原始瓷，这是墓葬出土商代原始瓷的重要新发现。其他在余杭和长兴等地也有商代原始瓷的零星发现。

西周早中期的原始瓷，出土数量已有大量增加，出土地点已比较广泛。其中衢州和湖州地区出土最多，原始瓷普遍见于衢州、江山、龙游、长兴、安吉、德清等地的土墩墓中。江山的王村地山岗平天塘、衢县的云溪西山、王家松园，长兴的林城石狮、李家巷便山、槐坎抛渎岗，安吉的良朋上马山、德清的独仓山、干山和小紫山等土墩墓出土的原始瓷，都是这一时期的重要材料。位于东南沿海的瑞安岱石山石棚墓中也出土有这一时期的原始瓷器。

西周晚至春秋早期的原始瓷，出土地点更为广泛，除了江山、衢州、龙游、长兴、安吉、德清、湖州、淳安、海宁、萧山、绍兴、上虞、余姚、慈溪等地外，金华地区的义乌平畴和东阳歌山土墩墓中也出土较多，温州地区石棚墓和台州地区个别土墩墓中也有一些出土。值得关注的是黄岩小人尖西周中晚期土墩墓中出土的一批豆、盂、敛口罐和簋形器等原始瓷器，质量上乘，纹饰精美。就出土数量和质量而言，衢州和湖州地区仍是出土这一时期原始瓷的重点区域。重要的出土地点有江山的石门大麦山，衢县的云溪西山和王家松园，龙游的溪口郑家和扁石砖瓦厂，德清的皇坟堆、三合塔山和洛舍独仓山，长兴的林城石狮和雉城陈母墓岭，以及萧山的新塘长山。这一时期的原始瓷，已有较多尊、鼎、卣、桶形器、簋等仿铜礼器的存在。

春秋中晚期的原始瓷，出土区域有了较大的变化，湖州的长兴石狮与便山、德清独仓山等土墩墓中仍有较多出土，但江山、衢州和龙游一带的出土数量已明显减少，而包括萧山在内的宁绍地区，这一时期原始瓷的出土数量却开始明显增加。

战国时期的原始瓷，出现大量仿青铜的礼器与乐器，绍兴地区一跃成为出土这一时期原始瓷的最重要区域，不但出土数量多，而且质量上乘，杭嘉湖地区虽仍是重点之一，但数量和质量上不及绍兴，其他地区则普遍出土较少。绍兴地区出土战国原始瓷的最重要地点主要在原绍兴县范围，其次是上虞市，这与绍兴曾为当时越国国都有关。绍兴县的平水、上灶、皋埠、上蒋、陶堰、富盛、漓渚、福全、兰亭等地，都是出土战国高档次仿铜原始瓷比较集中的地方，这里地处绍兴北部濒海平原和南部会稽山区的交接地带，多低矮的小山丘和山麓坡地，是越国时期大型贵族墓和王陵的分布区。大量精美仿铜原始瓷不少出土于经科学发掘清理的墓葬，更多的则出土于各种建设和取土工程。出土的仿铜器物以礼器为主，也有少量甬钟等乐器。上虞市境内战国原始瓷出土也较多，在蒿坝董村牛山、小越羊山、驿亭牛头山、五驿周家山、严村凤凰山等地发掘的战国墓中均有出土，主要是日用器和仿铜的礼器，仿铜的甬钟、句鑃等类乐器至今尚无发现。杭州和湖州地区出土战国原始瓷数量也较多，杭州半山石塘、余杭区崇贤老鸦桥和大陆顾家埠、德清邱庄和梁山、长兴鼻子山、安吉龙山等战国墓都是出土战国原始瓷的重要墓葬材料，其中有的墓葬不仅出土一大批仿青铜的礼器，而且更有大批仿青铜的乐器发现。如半山石塘战国墓出土原始瓷钟、镈、句鑃等乐器 30 多件，余杭区崇贤老鸦桥一号战国墓出土 4 件原始瓷甬钟，余杭大陆顾家埠出土 7 件原始瓷句鑃，长兴鼻子山战国墓出土甬钟、镈、铙、錞于 22 件。德清和安吉也曾有句鑃和甬钟等原始瓷乐器的出土。嘉兴地区出土战国原始瓷的海盐黄家山战国墓，出土的原始瓷乐器多达27件，其中有甬钟13件、句鑃12件、錞于2件。另外，德清梁山战国墓出土的原始瓷，除小罐、盅式碗和提梁盉外，还出土了斧、锛、锸等仿青铜的工具，绍兴富盛镇下旺村骆驼山甚至出土了仿青铜的原始瓷矛，这些工具、农具与兵器的出土数量虽然不多，但却让我们看到了礼器和乐器以外的其他原始瓷仿铜品种。而余姚老虎山战国晚期墓中出土的一组鼎、瓿、壶、香熏等原始瓷礼器，使我们窥见了战国原始瓷衰落阶段的基本面貌。

## 四

与任何事物一样，原始瓷也有一个从产生到发展、再到成熟的过程。

商代的原始瓷，已选用瓷土做原料，克服了印纹硬陶胎泥较粗、可塑性较差、难以用轮制成型的弱点，在制作工艺上突破了印纹硬陶完全用手制的传统，使用慢轮拉坯成型或手制与慢轮相结合的方法，器物内壁多可见到比较粗疏的轮制或轮修旋痕。当然，这时的原始瓷刚刚脱胎于印纹硬陶，不可避免地带有很多的原始性，原料的选择和坯泥的处理还不精细，胎内含杂质较多，有的还夹杂许多微细的黑色斑点，颗粒较粗，导致气孔较多、胎质不够致密，胎色多呈青灰色或淡灰色。少量器物釉层厚而明显，但多数器物由于所施釉浆极为稀薄和烧成温度的原因，以致釉层很不明显，在断面上肉眼很难观察到釉层的厚度，釉面的玻璃质感普遍不强，釉色多呈淡青色或黄绿色。器类单一也是此时原始瓷产品的特点之一，以豆和罐最为常见。商代前期主要为敞口深腹豆，豆把相对较矮而足尖上往往切出三个缺口。商代后期主要为敛口浅腹豆，豆把较高，足尖上切缺口的现象消失。湖州老鼠山窑址发掘出土物中有大量叠烧标本，昆山遗址出土的部分豆盘标本内底也可看到叠烧痕迹，说明此时原始瓷的烧造普遍采用叠烧方法。装饰上则以素面为主，只有部分罐类器上有与印纹硬陶相同的菱形云雷纹、斜角相交席纹、方格纹等拍印纹饰，明显保留着刚从印纹硬陶中脱胎出来的痕迹。

进入西周时期，原始瓷数量大增，表现出迅猛发展的势头，充分显示出一种新生事物的强大生命力。西周早中期原始瓷的胎釉特征已有明显变化，虽然釉层还显得比较稀薄，但已十分明显，普遍可见明亮玻化的釉面，器物往往施满釉，釉层多均匀，釉色多偏淡，以暖调的黄绿色釉居多，也有釉色较深、呈青褐色或茶绿色的。多数釉面的润泽光亮和较好的透影性，反映出此时釉质量的提高和施釉技术的进步。器形上除了豆、罐、盂等日用器物外，已有了尊、簋等仿青铜器的礼器。纹饰上打破了前期以素面为主的局面，开始在一些豆、盂、罐、尊上施以简单的刻划与堆贴纹饰。敞口豆和直口豆的内底往往是几组比较细密的弦纹，有的弦纹之间还饰有篦状纹。敛口豆、盂和尊的口肩部除普遍有粗疏弦纹外，有的还堆贴二三组小泥饼。这种小泥饼堆贴，成为这一时期最为常见和流行的装饰。少量大件罐类器仍可见到折线纹、席纹、方格纹等拍印纹饰。

西周晚期至春秋早期的原始瓷数量急剧增加，出现了在一座墓中同时出土几十甚至近百件原始瓷器的新现象。伴随而来的是器类开始大量增加，纹饰也变得丰富多彩，原始瓷生产呈现出了蓬勃发展、欣欣向荣的新气象，显示出原始瓷生产大发展时期的到来。此时的器类不但有大量敞口圈足碗、敞口平底碗、盂、钵、盘、碟、罐等日用器物，而且仿铜礼器的数量大幅度增加，除前期已存在的尊和簋外，又开始出现一批鼎、卣、桶形器等新器形，成为商周时期使用原始瓷仿铜礼器的第一个高峰。装饰上的普遍性和纹饰上的多样性，成为此时原始瓷的一大亮点。前期常见的弦纹仍较多见，新出现大量的"S"纹堆贴，完全取代了前期那种成双配置的小泥饼堆贴，并成为此时盛行的主要纹饰，具有显著的时代特征。其他还有篦点纹，常见于盘、盂等器物上。大件罐和尊类器上仍常见拍印的席纹、折线纹和刻划的网状纹与水波纹，而在一些卣和桶形器等仿铜礼器上，则多饰有大型的勾连云雷纹、变体云雷纹和对称弧线纹等。此时的原始瓷器普遍采用手制成型或手制成型后再稍加慢轮修整的制作方法，产品普遍显得胎体厚重，胎壁厚薄不一，造型不甚规整，在碗、盘、盂、碟等器物的外腹壁，常留下明显的修削痕迹，内底多见粗疏的盘旋痕，外底大部分具有不同的刻划符号。器物的胎色虽趋向白净，但胎质仍略显粗疏。施釉上外壁多不及底，釉浆浑浊凝厚，釉层厚薄不匀，凝釉和流釉甚显普遍，釉面多呈深浅不一的斑块状。釉色普遍较深，多呈青褐色和酱褐色，釉特厚处甚至似黑色。胎釉结合不够紧密，常见局部釉层剥落现象。厚胎厚釉和凝釉脱釉成为此时原始瓷最为显著的普遍特征。

春秋中晚期，原始瓷的生产工艺已发展到较高水平，制作技术已显得比较成熟。制作方法上已由前期的手制加慢轮修整发展成为快轮拉坯成型，快轮技术不仅已普遍用于碗、盘类小件器物，而且也已部分地用在了一些较大型的罐类器物上。由于快轮技术的运用，器形开始显得规整匀称，胎壁减薄，厚薄均匀，器物的内壁和内底，往往可见纤细密集的螺旋纹，外底则常见弧线形的用线割底痕迹。此时在胎泥的选练上也有明显提高，胎质更加细腻致密，为快轮技术的运用提供了有利条件。烧成温度高，器物质地坚硬，叩之发音似金属声。施釉方面，所施釉浆趋向洁净淡薄，器物普遍通体施釉，釉层厚薄均匀，釉面润泽明亮具有透影性，一改之前的厚釉和凝釉现象，釉色多呈青黄或青绿色。胎釉结合也显得十分紧密，前期多见的凝釉、流釉和剥釉现象已不复存在。尤其是春秋晚期的原始瓷，与战国原始瓷质量已难分伯仲。快轮成型、胎釉配制、烧成气氛等方面技术的全面提高与成熟，为战国原始瓷生产鼎盛时期的到来，打下了坚实的技术基础。此时器类大为减少，以盅式碗最为常见，另有少量的罐和盘等，均系日用器物，仿青铜的礼器基本不见。盅式碗是由前期的敞口平底碗逐渐演变而来，敞沿的逐步消失和腹壁的不断变直，以及碗腹的由浅变深，是敞口碗向盅式碗演变的三条主要脉络。纹饰极少也是此时原始瓷有别于前期的显著特点之一，素净无纹成为此时原始瓷器的基本风格。少量大件罐类器物上见到的对称弧线纹和米筛纹，显得细密规矩、排列整齐，一改此前的粗放风格。

战国时期是原始瓷生产的鼎盛期，窑址数量大幅度增加——目前浙江全省发现战国原始瓷窑址数量已达四五十处之多，新品种、新器形大量出现，器类器形空前丰富，快轮技术熟练运用，胎釉质量进一步提升，加上各种支垫窑具的创造使用，使此时的原始瓷产品呈现出一种遒劲挺拔、昂然向上的精神风貌，产品质量几乎可与成熟青瓷媲美，表明此时的制瓷技术已相当成熟，原始瓷生产的巅峰时期已经到来。此时的器类丰富程度前所未有，除了众多的碗、杯、碟、盂、盏、盅等日用类器物外，仿青铜的礼器大量出现，礼器中既有西周和春秋早期曾出现过的鼎、豆、尊和簋，更有大量新出现的鉴、盆、盘、钵、壶、提梁壶、提梁盉、镂孔长颈瓶、罐、瓿、瓶、匜、烤炉、镇、璧等。同时，仿铜原始瓷制品又增加了乐器这个新的品种，一种专用于墓葬明器的编钟、句鑃、錞于、磬、钲、振铎、缶、悬鼓座等仿铜原始瓷乐器开始大量出现。此系越国灭吴之后，在争强称霸和建构社会伦理秩序以及为获得与华夏各族一致的文化认同感的背景下，对中原礼乐制度和文化的模仿与推崇的结果，说明越国在此时已开始接受中原的礼乐制度和文化，致使在使用丧葬替代品上不但对礼器需求量激增，而且又新增加了对乐器的需求。另外，此时甚至还出现了专用作墓葬明器的矛、斧、锛、凿、锸、镰刀等仿青铜兵器、工具与农具。原始瓷产品几乎涵盖了社会需求的各个方面，原始瓷对青铜器的模仿更是达到了登峰造极的地步。如果说西周时期是仿铜原始瓷礼器的肇始期，那么，战国时期则是仿铜原始瓷礼乐器的鼎盛期。大量形式多样仿铜礼器的涌现，尤其是仿铜乐器乃至兵器、工具和农具的出现与加入，赋予了原始瓷更为丰富的文化含义。

由于战国时期快轮技术的运用已达到相当普遍和娴熟的程度，使包括大型器在内的各种原始瓷器形均显得更加规整匀称，胎壁益薄。胎釉质量也有相应提高，胎质更为细腻，胎色多呈灰白色和灰黄色，少量呈青灰色。烧成温度多数已在 1100℃ ~ 1250℃，有的甚至已达到 1300℃，烧结程度高，质地显得十分坚致。施釉延续前期通体满釉的特点，釉层薄而均匀，虽有一些点状凝釉，但斑点细小分布均匀。釉色多青中泛黄，胎釉结合良好。有相当一部分产品显得釉面匀净莹润，玻璃质感强，产品质量已可与成熟青瓷媲美。特别是一批仿青铜器的礼乐器造型工整端庄，做工精巧细致，大多体形硕大厚重，显得庄重大气，不论是成型工艺、烧成技术，还是产品质量，都堪称原始瓷中的佼佼者。烧造罐、瓿、镂孔长颈瓶、盆、鉴、甬钟、句鑃、錞于、悬鼓座等这类胎体特厚的大型器物，对成型、装烧和烧成温度控制等都有很高的技术要求，难度极大。这些大型礼乐器的烧制成功，代表了原始瓷生产的最高水平，更体现出此时的制瓷技术已相当成熟。有的仿铜礼乐器还塑造出兽头、龙身、瑞鸟等装饰，不少青铜器上的纹饰也被移植应用到了这类原始瓷的礼乐器上，如云雷纹、"C"形纹、蟠螭纹、夔纹和各种铺首衔环等，充分说明此时对青铜礼乐器的仿制，完全达到了惟妙惟肖和神形兼备的艺术效果。这类仿铜礼乐器庄严、稳重的造型既体现了青铜器劲健有力的阳刚之美，又不乏泥土细腻温和的柔美之秀，它将青铜器刚劲有力的线条所表现出来的狂野、豪放的张力与泥质胎体媚丽柔婉的内蕴相结合，形成了这类仿铜原始瓷礼乐器独具特色的艺术形式与造型韵味。

战国时期原始瓷生产另一重要成就是装烧工艺的重大突破，创造性地发明使用了支垫窑具。在以亭子桥为代表的德清战国窑址群中，发现了喇叭形、直腹圆筒形、束腰形、倒置直筒形、覆盘形、圈足形等各种形式的支垫窑具，这是目前发现的最早支垫具。支垫具在胎泥和制作上有精粗之分。精者瓷土制成，胎质较细，胎色多呈灰白或青灰色，轮制成型，制作规整，表面光洁。粗者用一般黏土制成，胎泥中夹有粗沙，胎色多呈红褐色，手制泥条盘筑而成，器形不甚规整，表面粗糙，个体粗大。根据目前考古调查与发掘资料，战国之前的原始瓷窑址中，普遍采用的只是一种着地叠烧的方法，还不见有支垫窑具的出现，有使用窑具的也不过是一些不甚规整的小泥饼和小泥珠之类叠烧间隔具而已。战国窑址中使用支垫具，装烧时，将坯件搁置在这种窑具上，使坯件离开地面抬高窑位，有利于产品在窑内煅烧过程中整体充分受火，避免和减少因着地装烧而产生的底部甚至下腹部生烧或欠烧现象，较之直接放置在窑底上装烧的方法，产品的质量和成品率大为提高。这种方法是减少废次品、提高产品质量和成品率的创新之举，特别有利于大件仿铜礼乐器的烧造成功。亭子桥等窑址产品的质量很高，支垫具的使用应该是功不可没。因此，战国窑址中各类支垫窑具的使用，是战国原始瓷产品质量空前提高的重要技术保证，是装烧方法上的一大进步和重大突破，是制瓷技术上的一种质的飞跃，是制瓷技术成熟的反映，为成熟青瓷的成功烧造打下了坚实的技术基础，在中国瓷器发展史上无疑具有里程碑式的意义。

总之，从商代到战国，随着时代的演进和窑工们的不断探索，制瓷技术和产品质量得到不断的精进与提高，原始瓷逐渐走向成熟，至东汉时期，在它的基础上，终于烧制成功了真正的成熟青瓷。

## 双耳尊

商代
高 17.6、口径 14.5、足径 11.6 厘米
长兴县长兴港出土，现藏于长兴县博物馆

大敞口，高弧颈，扁鼓腹，大喇叭形高圈足，肩部对称贴设两个宽扁半环形耳。胎色灰黄。
仅大口内壁釉层较明显，可见细点状的黄色釉，而外壁均不见明显的釉层。口沿和外
壁通体有粗疏的凹弦纹，双耳上则饰粗疏直条纹。〔撰文／陈元甫〕

## 高领罐

商代
高 24.8、口径 15.1、底径 6.5 厘米
杭州市余杭区径山潘板大溪出土，现藏于杭州市余杭博物馆

------

敞口，尖唇，外翻沿，斜直高领，折颈，溜肩，鼓腹，圜凹底。最大腹径在中腹部。灰色胎。
釉层仅一侧略微明显，极其稀薄，呈细点状分布，釉色偏黄绿。口沿上饰数道粗深凹弦纹，
肩腹部拍印浅细的方格纹。[撰文／陈元甫]

## 直口豆

西周早中期
高 8.4、口径 19.6、足径 9.6 厘米
1979 年江山市王村地山岗平天塘出土，现藏于江山市博物馆

---

豆盘宽大，口较直，折腹弧收，喇叭形圈足把较粗矮，内底有一小盂。胎色灰白。内
外通体施釉，釉呈黄色，釉层较薄较均匀。内底满饰由篦点纹组成的叶脉纹，外壁口
下及豆把上饰粗弦纹。[撰文／朱丹青]

### 折肩尊

西周早中期
高19、口径19.8、足径10.8厘米
1979年江山市王村地山岗采集,现藏于江山市博物馆

- - - - - - - - - - - - - - - - - - - - - - - - - - - - - - - - - - - - - - - - - - - - - - -

大口高敞,折颈,折肩,斜腹剧收,圜底下置外撇圈足,肩部对称设置半环形耳。灰黄色胎。
内外施釉,釉呈青黄色,釉层稀薄,局部有脱釉现象。[撰文/朱丹青]

**瓿形尊**

西周早中期
高 21.6、口径 23.4、足径 15 厘米
1979 年江山市王村地山岗平天塘出土，现藏于江山市博物馆

大敞口，粗高颈，浅腹，圜底，喇叭形高圈足。口至腹部有等分的三条纵向锯齿状扉棱，
每两道扉棱间设桥形小纽一个，纽的两侧附有小泥饼。胎呈青灰色。内外通体施釉，
釉层较薄，施釉均匀，釉色青中泛黄。外壁通体有粗弦纹。[撰文／朱丹青]

## 筒形盖罐

西周早中期

通高 31.2、口径 14.8、足径 16.6 厘米

1979 年江山市王村地山岗平天塘出土，现藏于江山市博物馆

子母口，直筒形深腹微鼓，圈足微外撇，上有拱形盖。胎呈青灰色。内外施满釉，釉层较薄，
釉色泛黄，胎釉结合不佳，有剥釉现象。盖上满饰弦纹，肩部两侧对称各贴一小泥饼，
肩腹部拍印浅细方格纹。[撰文／朱丹青]

**敞口罐**

西周早中期
高 13、口径 12.7、足径 10 厘米
1979 年江山市王村地山岗平天塘出土，现藏于江山市博物馆

- - - - - - - - - - - - - - - - - - - - - - - - - - - - - - - - - - - - - - -

大口坦敞，折颈，圆球形腹，圈足，肩部两侧对称设置三泥条并列半环形横耳，其中
一侧耳残缺，耳两侧各贴小泥饼两个。胎呈米黄色。内外通体施釉，釉层薄而均匀，
釉面明亮，釉色青中泛黄。口沿外壁饰细弦纹，肩腹部拍印粗大席纹。〔撰文／朱丹青〕

敞口盂を被为

西周早中期

高 6.7、口径 11.8、足径 8.6 厘米

1979 年江山市王村地山岗平天塘出土，现藏于江山市博物馆

敞口，腹略圆鼓，圈足外撇，腹部对称贴饰两个小圆饼。青灰色胎。内外施满釉，釉层较薄，
釉色青中泛黄。口沿和外壁通体饰弦纹。［撰文／朱丹青］

**侧把盉**

西周早中期
高 12、腹径 11.8、足径 8.6 厘米
1983 年衢县王家公社松园大队出土，现藏于衢州市博物馆

上部呈圆锥形，弧肩，鼓腹，下腹部内收，圈足微外撇，肩部设流和把。胎质疏松，
胎色灰白。器表通体施釉，釉层较薄而均匀，釉色较淡，胎釉结合紧密。通体饰粗疏
凹弦纹。[撰文／柴福有]

## 敞口小罐

西周早中期
高 8.2、口径 7.2、足径 6.4 厘米
1983 年衢县王家公社松园大队出土，现藏于衢州市博物馆

口斜敞，束颈，斜肩，鼓腹，矮圈足外撇。肩部对称设置两个双泥条半环形横耳，耳两侧各贴一个小泥饼。胎色灰白。内外通体施青黄釉，釉薄而比较均匀，釉面有较好玻光感。颈至近底处通体饰粗疏凹弦纹。 ［撰文／张云土］

## 敞口罐

西周早中期

高 23.5、口径 18.5、足径 15.7 厘米

1982 年衢县云溪乡西山大队大石塔出土，现藏于衢州市博物馆

大口斜敞，折颈，腹近圆球形，圈足外撇。肩部基本等距设置三个双泥条半环形横耳，每耳两侧各贴两个小泥饼。灰白胎。内外通体施青黄釉，釉层较薄。器表通体拍印方格纹。

[撰文／柴福有]

**敞口罐**

*西周早中期*
*高 17.8、口径 17、足径 10.6 厘米*
*1993 年衢州市柯城区柯城乡湖柘垅村北钟楼山出土，现藏于衢州市博物馆*

大口斜敞，平沿，折颈，溜肩，圆鼓腹，浅圈足。肩部等距离设置三个由三泥条并列
的半环形横耳，耳两侧贴两个小泥饼。青灰色胎，胎体表面粗糙。内外施青黄釉，釉
层薄而均匀，有较好玻光感。肩和上腹部拍印浅细方格纹。[撰文／柴福有]

**盂形豆**

西周早中期
高 6.3、口径 10.2、足径 9.5 厘米
1983 年龙游县溪口公社郑家大队出土，现藏于衢州市博物馆

直口微侈，鼓肩，斜腹剧收，高圈足外撇较甚。胎色灰白。内外通体施釉，釉色青中泛黄，釉层厚薄均匀，有较好的玻光感。肩部饰细弦纹，腹部饰斜篦状纹。［撰文／叶四虎］

**直口豆**

西周早中期

高 10、口径 17.5、足径 9 厘米

2010 年德清县武康镇小紫山土墩墓 D5 出土，现藏于浙江省文物考古研究所

直口，折腹斜直收，喇叭形圈足矮把，腹部较深，口沿外基本等距离贴三组双泥饼。
灰白色胎。内外通体施釉，釉色青绿，釉面较佳，玻光感强。口沿外壁和矮把上均有
粗疏凹弦纹，内壁底间隔满饰五组细弦纹和四组箆状纹。［撰文／陈元甫］

### 敛口豆

西周早中期

高 6.1、口径 11、足径 6.2 厘米

2009 年安吉县良朋镇上马山土墩墓 D90M1 出土，现藏于浙江省文物考古研究所

----------------------------------------

折敛口，斜收腹，喇叭形把。灰白色胎。内外通体施茶绿色釉，釉层薄，釉面光亮，胎釉结合好。肩部饰粗弦纹。［撰文／田正标］

### 敛口豆

西周早中期

高 9.6、口径 15、足径 7.8 厘米

2009 年安吉县良朋镇上马山土墩墓 D90M1 出土，现藏于浙江省文物考古研究所

----------------------------------------

折敛口，斜收腹，喇叭形把。灰白色胎。内外通体施黄绿色釉，釉层薄，胎釉结合好。肩部饰粗弦纹，并等距粘贴三组双泥饼。［撰文／田正标］

**盘口小尊**

西周早中期

残高 6、口径 9.8 厘米

2009 年安吉县良朋镇上马山土墩墓 D90M1 出土，现藏于浙江省文物考古研究所

------------------------------------------------

盘口略敞，扁鼓腹，矮圈足残缺。灰白色胎，内外通体施茶绿色釉，内外均有聚釉现象。
盘口内侧饰多道弦纹，内沿面等距粘贴四个两端内卷的云纹，外腹部刻划弦纹间夹网
格纹，并粘贴若干刺状泥点。[撰文／田正标]

## 折腹小尊

西周早中期

高 9.5、口径 12.2、足径 6 厘米

2009 年安吉县良朋镇上马山土墩墓 D90M1 出土，现藏于浙江省文物考古研究所

------------------------------------------------

大敞口，短颈，折腹斜收，圈足外撇。灰白色胎。内外通体施茶绿色釉，釉层薄而均匀，
釉面有较好玻光感。颈部饰弦纹。［撰文／田正标］

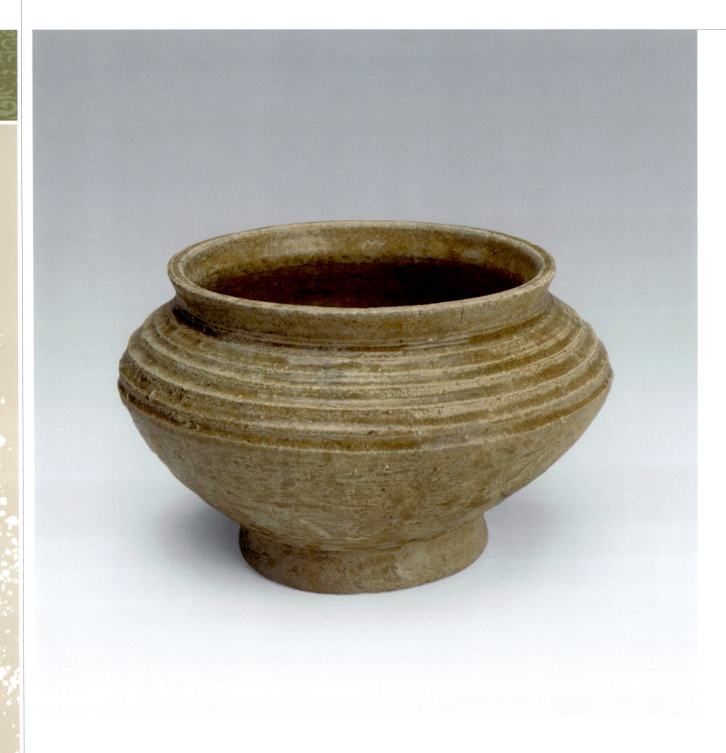

## 敞口小罐

西周早中期
高 9.3、口径 12.5、足径 8.4 厘米
2009 年安吉县良朋镇上马山土墩墓 D90M1 出土，现藏于浙江省文物考古研究所

敞口近直，扁鼓腹，下腹内收，矮圈足略外撇。灰白色胎。内外通体施黄绿色釉，釉层薄，
胎釉结合好，釉面有光亮感。肩部饰粗弦纹。[撰文／田正标]

**侧把盉**

西周早中期
高11、腹径12、足径7.9厘米
2009年安吉县良朋镇上马山土墩墓D90M1出土，现藏于浙江省文物考古研究所

- - - - - - - - - - - - - - - - - - - - - - - - - - - - - - - - - - - - - - -

圆锥形顶，鼓腹，下腹内收，矮圈足略外撇，肩部设流和侧把。灰白色胎。器表通体
施茶绿色釉，釉层薄而均匀，釉面光亮，胎釉结合好。通体饰粗弦纹。[撰文／田正标]

## 敛口盂

西周早中期

高 5.1、口径 8.4、足径 6.4 厘米

2009 年安吉县良朋镇上马山土墩墓 D90M1 出土，现藏于浙江省文物考古研究所

敛口，窄侈沿，扁鼓腹，矮圈足外撇。灰白色胎。内外通体施茶绿色釉，釉层薄，釉面光亮，胎釉结合好。外壁通体饰粗弦纹，肩部等距粘贴三组双泥饼。［撰文／田正标］

**杯**

西周早中期
高 8.7、口径 6.7、足径 6.3 厘米
2009 年安吉县良朋镇上马山土墩墓 D90M1 出土，现藏于浙江省文物考古研究所

直口，方唇，深直腹，近底部内收，矮圈足。灰白色胎。内外通体施茶绿色釉，釉层薄，
釉面光亮。外壁通体饰粗弦纹。［撰文／田正标］

## 敞口小罐

西周早中期

高 10.9、口径 11、足径 9 厘米

2009 年安吉县良朋镇上马山土墩墓 D93M5 出土，现藏于浙江省文物考古研究所

敞口，束颈，扁鼓腹，下腹内收，矮圈足略外撇。灰白色胎。内外通体施茶绿色釉，釉层薄，施釉均匀，釉面光亮。肩部饰粗弦纹，并等距粘贴三个桥形纽，纽的两端均有双泥饼装饰。

[撰文／田正标]

## 折腹盂

西周早中期

高 7.8、口径 11.4、足径 8.2 厘米

2009 年安吉县良朋镇上马山土墩墓 D93M5 出土，现藏于浙江省文物考古研究所

-------------------------------------------------

敛口，凹唇，折腹，下腹斜收，矮圈足外撇。通体施深绿色厚釉，局部有釉层剥落现象。
肩部饰粗弦纹，折腹部位等距粘贴四个两端内卷的云纹。［撰文／田正标］

**直腹簋**

西周早中期
高 6.5、口径 12.9、足径 9.5 厘米
2009 年安吉县良朋镇上马山土墩墓出土，现藏于浙江省文物考古研究所

口略敞，深直腹，近底部内收，矮圈足。灰白色胎。内外通体施茶绿色釉，釉面光亮，
胎釉结合好。外腹部通体饰粗弦纹，并等距粘贴三组双泥饼。[ 撰文／田正标 ]

**盂形豆**

西周早中期
高 5.2、口径 7.9、足径 4 厘米
2001 年安吉县递铺镇鞍山出土，现藏于安吉县博物馆

直口，扁鼓腹，高圈足外撇。胎色青灰。内外通体施釉，釉层较薄，釉色黄绿，上腹部饰篦状纹。［撰文／程亦胜］

**敞口小罐**

西周早中期

高 9.5、口径 10.1、足径 7 厘米

2007 年长兴县槐坎乡抛溇岗村土墩墓 D2M6 出土，现藏于浙江省文物考古研究所

------------------------------------------------------------

敞口，颈略束，弧肩，上腹圆鼓，下腹剧收，最大腹径偏上，圈足略外撇。肩部等距粘贴有三个半环形横耳，耳两端均贴有小泥饼。灰白色胎。内外通体施黄绿色釉，釉层薄而均匀，胎釉结合好，釉面有光亮感。肩部饰二组细弦纹，弦纹间饰箆纹。[撰文 / 孟国平]

## 直口豆

西周早中期
高 7.3、口径 13.7、足径 7.5 厘米
杭州市余杭区獐山出土，现藏于杭州市余杭博物馆

- - - - - - - - - - - - - - - - - - - - - - - - - - - - - - - - - - - - - - - - - - - -

直口微敞，折腹斜收，盘腹较深，喇叭形圈足把。灰白色胎。内外通体施青黄色釉，
釉层较薄而均匀。豆盘内壁在三组细弦纹之间饰两组篦状纹。［撰文／康晓燕］

**敛口豆**

西周早中期
高 5.2、口径 8.3、足径 4.9 厘米
1983 年杭州市余杭区大观山出土，现藏于杭州市余杭博物馆

弧敛口，弧腹较深，喇叭形圈足把。灰白色胎。内外通体施满釉，釉面比较明亮，呈青绿色。
外腹部满饰粗凹弦纹。[撰文／吴彬森]

## 折腹小尊

西周早中期

高 9、口径 11.9、足径 6.5 厘米

1983 年杭州市余杭区临平山出土，现藏于杭州市余杭博物馆

大喇叭形敞口，短颈，折腹斜收，圈足外撇。灰白色胎。内外通体施釉，釉层较薄而均匀，釉色青黄，釉面有较好玻光感。颈部饰弦纹。[撰文／康晓燕]

敛口盂

西周早中期

高 6.4、口径 10.8、底径 8.9 厘米

1974 年海宁市袁花镇夹山出土，现藏于海宁市博物馆

敛口，方唇，鼓腹，假圈足，肩部基本对称设置三个扁泥条半环形小耳。通体施釉，
釉层较均匀，釉色青黄，有较好玻光感。通体饰粗凹弦纹。[撰文／刘碧虹]

## 折腹小尊

西周早中期

高 6.6、口径 10.4、足径 4.5 厘米

1984 年上虞市曹娥街道严村凤凰山墓葬出土，现藏于上虞市博物馆

------------------------------------------------------------

大敞口，口沿外翻近平，束颈，折腹，喇叭形高圈足。内外通体施青黄色釉，釉层较厚，
有凝釉和脱釉现象。肩部饰三道凹弦纹，口沿内壁饰二道凹弦纹和篦状纹。[撰文／楼海燕]

**敛口豆**

西周早中期
高5、口径7.6、足径4.4厘米
1992年余姚市明伟老虎山DIM18出土，现藏于浙江省文物考古研究所

----------------------------------------------------------

弧敛口，腹微鼓，豆盘较深，喇叭形高圈足把，体形较小。灰白色胎。内外通体施满釉，
釉层薄而均匀，釉色青绿，有明亮的玻光感。外壁饰粗深的凹弦纹。[撰文／陈元甫]

**直口豆**

西周早中期
高 7.8、口径 14.9、足径 8.0 厘米
1992 年余姚市明伟老虎山 DIM11 出土，现藏于余姚市博物馆

直口，折腹弧收，盘腹较深，外撇高圈足把。灰白色胎。内外通体施青绿色釉，釉层
薄而均匀。内底间隔饰两组细密弦纹和篦状纹，外壁有三道粗凹弦纹。[ 撰文 ／ 谢向杰 ]

## 敞口豆

西周中期
高 4.6、口径 8、足径 4.7 厘米
1983 年衢县云溪乡西山大队东山出土，现藏于衢州市博物馆

- - - - - - - - - - - - - - - - - - - - - - - - - - - - - - - - - - - -

敞口，圆唇，斜折沿，折腹斜收，喇叭形高圈足把。胎色灰白。内外施釉，釉层薄而均匀，
釉色青中泛黄，玻光感较好。口沿饰四周细弦纹，内底有细密螺旋纹，外壁折腹以上
部位饰八周细凹弦纹。[撰文／张云土]

## 敞口豆

**西周中期**

高 5.1、口径 9、足径 4.8 厘米

1999 年德清县洛舍镇砂村村独仓山土墩墓 D8M2 出土，现藏于浙江省文物考古研究所

————————————————————————————

敞口，斜折沿，折腹斜收，喇叭形圈足把较高。灰色胎。除豆把外内外施釉，釉呈茶绿色，胎釉结合良好，釉面有较好的玻光感。口沿面和腹部外壁均饰有细密的弦纹。[撰文／田正标]

## 敞口豆

**西周中期**

高 4.3、口径 10.8、足径 5 厘米

1999 年德清县洛舍镇砂村村独仓山土墩墓 D8M2 出土，现藏于浙江省文物考古研究所

————————————————————————————

大敞口，折腹，喇叭形圈足把。灰色胎。除豆把外通体施茶绿色釉，胎釉结合良好，釉面有玻光感。口沿面和豆盘内底均饰有细密的弦纹。[撰文／田正标]

**盘口罐**

西周中晚期

高 30、口径 22、底径 12.4 厘米

1999 年德清县洛舍镇砂村村独仓山土墩墓 D2M1 出土，现藏于德清县博物馆

浅盘口，束颈，溜肩，圆鼓腹，腹部浑圆丰满，小平底，底径远小于口径。灰白色胎。器表通体施釉，釉层较厚，釉色深绿，有凝釉和流釉现象，盘口内沿及肩部饰多道粗凹弦纹，腹部满饰不同方向的拍印折线纹。[撰文／田正标]

## 托盘

西周中晚期
高6、口径24.8、足径13.4厘米
1999年德清县洛舍镇砂村村独仓山土墩墓 D2M1 出土，现藏于德清县博物馆

大敞口，平沿，斜腹坦敞，腹甚浅，外撇矮圈足。盘内中心置一件四足小盂，小盂四周再围置四件四足小碟，除一件小碟已脱落不存外，其余四件盂和碟均与盘粘结一起，特别是碟之四足有高低，系为摆平器物有意制作，表明是专用于墓葬的明器。黄白色胎。器物均内外施厚釉，釉呈酱褐色，有凝釉现象。盘口沿面饰多道粗弦纹并粘贴六只"S"形纹，盘内底有粗弦纹间饰两周网格纹。[ 撰文 ／ 田正标 ]

## 敛口豆

西周中晚期
高9、口径20、足径8.5厘米
1990年黄岩小人尖土墩墓出土,现藏于黄岩博物馆

体形较大。敛口,沿面有凹槽,斜腹剧收,喇叭形圈足把较高,足尖内敛。灰白色胎。
内外通体施釉,釉层较厚,釉色较深,有凝釉和脱釉现象。内壁有规整密集的粗凹弦纹。

[撰文/陈元甫]

## 敛口豆

西周中晚期

高6、口径12、足径6.5厘米

1990年黄岩小人尖土墩墓出土，现藏于黄岩博物馆

体形较小。敛口，沿面有凹槽，斜腹剧收，豆盘较深，喇叭形圈足把较矮，足尖内敛。灰白色胎。内外通体施釉，釉层较厚，釉色较深，有凝釉和脱釉现象。内壁有规整密集的粗凹弦纹。[撰文／陈元甫]

## 敛口豆

西周中晚期

高7、口径14.5、足径8厘米

1990年黄岩小人尖土墩墓出土，现藏于黄岩博物馆

折敛口，斜收腹，豆盘较深，喇叭形圈足矮把，足尖内敛。灰白胎。内外通体施釉，釉层较厚，釉色较深，有凝釉现象。内壁有规整密集的粗凹弦纹，口沿外侧除有数道粗凹弦纹外，还对称贴饰两端内卷的云纹。[撰文／陈元甫]

**敛口豆**

西周中晚期
高 9、口径 18、足径 9.5 厘米
1990 年黄岩小人尖土墩墓出土，现藏于黄岩博物馆

-------------------------------------------------------

折敛口，斜收腹，豆盘较深，喇叭形圈足矮把，足尖内敛。灰白胎。内外通体施釉，
釉层较厚，釉青色较深，有凝釉现象。内壁有规整密集的粗凹弦纹，口沿外侧除有数
道粗凹弦纹外，还对称贴饰两端内卷的云纹。[撰文／陈元甫]

**簋形器**

西周中晚期
高 15.7、口径 13、足径 8.4 厘米
1990 年黄岩小人尖土墩墓出土，现藏于黄岩博物馆

直口，方唇，深直腹略下垂，最大腹径在下部，外撇高圈足，近口沿两侧有对称贯耳。
灰白色胎。器身内外通体施釉，釉层较厚，釉色青中泛黄，有凝釉现象。通体拍印折线纹。

[撰文／陈元甫]

## 敛口罐

西周中晚期
高 24.6、口径 16.4、底径 10 厘米
1990 年黄岩小人尖土墩墓出土，现藏于黄岩博物馆

敛口，鼓腹，下腹斜剧收，小平底，底径远小于口径。灰白色胎。通体施釉，釉层较厚不匀，
有凝釉现象，釉色青中泛黄。肩部对称设绳索状小耳，通体拍印折线纹。[撰文／陈元甫]

## 折腹盂

西周中晚期
高 7.5、口径 8.5、足径 6.5 厘米
1990 年黄岩小人尖土墩墓出土，现藏于黄岩博物馆

敛口，折腹斜收，腹较深，喇叭形圈足较高，足尖内敛。灰白色胎。器身内外通体施釉，
圈足部位不着釉，釉层较厚色较深，有凝釉现象。内壁有规整密集的粗凹弦纹，口沿
外侧除有数道粗凹弦纹外，还对称贴饰两端内卷的云纹。[ 撰文 ／ 陈元甫 ]

**直口豆**

西周中晚期

高 6.6、口径 17、足径 7.6 厘米

1993 年瑞安市岱石山石棚墓 M21 出土，现藏于瑞安市文物馆。

---------------------------------------------------------------

直口，弧腹较深，喇叭形矮圈足把，体形较大。青灰色胎。内外施釉，釉层较厚，釉色黄绿，脱釉和凝釉现象严重。外壁口下饰两道粗深的凹弦纹。［撰文／陈元甫］

**敞口盂**

西周晚至春秋早期
高5、口径10.1、足径6.4厘米
1979年江山市王村地山岗出土，现藏于江山市博物馆

敞口，折肩，浅腹斜收，高圈足。胎灰白色。内外通体施釉，釉层较厚，有凝釉和流釉现象，
釉呈青绿色，釉面明亮。肩部饰斜向篦点纹。［撰文／朱丹青］

**盘口尊**

西周晚至春秋早期
高 10.7、口径 13.5、足径 8 厘米
1983 年衢县王家公社松园大队出土，现藏于衢州市博物馆

浅盘口，束颈，折腹斜收，喇叭状圈足，足尖折直。灰白色胎。内外通体施酱褐色釉，
有凝釉和脱釉现象，凝釉处釉呈青褐色，外底无釉。盘口内满饰凹弦纹，肩和上腹部
在两组粗凹弦纹之间饰斜向篦点纹，折腹部两侧对称贴饰横"S"形纹。［撰文／柴福有］

## 盘口尊

西周晚至春秋早期

高 10.5、口径 13.7、足径 7.5 厘米

1983 年衢县王家公社松园大队出土，现藏于衢州市博物馆

盘口，束颈，折腹斜收，圈足，足尖折直。胎色灰白。内外通体施酱色釉，有凝釉和剥釉现象，足底无釉。盘口内满饰凹弦纹，盘口外饰一周凸脊，肩和上腹部间隔饰两组斜方格纹带和三组双弦纹。[撰文／张云土]

## 垂腹小罐

西周晚至春秋早期
高 8.6、口径 7.1、足径 6.8 厘米
1983 年衢县王家公社松园大队出土，现藏于衢州市博物馆

- - - - - - - - - - - - - - - - - - - - - - - - - - - - - - - - - - - - - - - - - - - - - - -

直口，口至腹部斜直内敛，扁鼓腹下垂，最大腹径在近底处，矮圈足外撇。两侧口旁
各置一个由三泥条并列组成的半环形横耳，耳两侧各贴饰一个"S"形纹和一个横"S"
形纹。胎色灰白。内外施酱褐色釉，釉层脱落严重。肩部在三组双凹弦纹之间饰斜方格纹，
斜方格纹以下饰一周浅细的箆状纹。[撰文／张云土]

**盘口尊**

西周晚至春秋早期

高 10.3、口径 12.6、足径 6.4 厘米

1975 年衢县出土，现藏于衢州市博物馆

浅盘口，束颈，折腹斜收，圈足，足尖内敛。胎色灰白。内外施酱色厚釉，有凝釉现象，
釉厚处近黑色。口沿和肩部各置四个横 "S" 形纹，口沿内壁饰七道凹弦纹，肩和上腹
部间隔饰三组斜方格纹带、二组圆圈纹和三组双弦纹。〔撰文／叶四虎〕

### 盘口尊

西周晚至春秋早期

高8.6、口径7.1、足径6.8厘米

1983年衢县云溪公社西山大队出土，现藏于衢州市博物馆

----------------------------------------------------

盘口，束颈，折腹斜收，圈足外撇，足尖内敛。胎色灰白。内外施酱褐色釉，凝釉和脱釉现象严重。盘口内满饰凹弦纹，肩和上腹部两组双凹弦纹之间饰折线纹。[撰文／叶四虎]

### 三耳小罐

西周晚至春秋早期

高 7.8、口径 11、足径 10 厘米

1983 年衢县云溪公社西山大队出土，现藏于衢州市博物馆

直口微敞，短颈，斜折肩，弧腹内收，圈足。肩部基本等距离间隔设置三泥条并列半
环形耳和三个绳索状小横耳，泥条耳两端贴"S"形纹。胎色灰白。内外施厚釉，釉色
较深呈青褐色，有流釉现象，圈足不着釉。颈和上腹部分别饰弦纹和网状纹。[ 撰文 ／
叶四虎 ]

### 盘口罐

西周晚至春秋早期
高 17、口径 15.5、底径 9.5 厘米
1983 年衢县云溪公社西山大队出土，现藏于衢州市博物馆

- - - - - - - - - - - - - - - - - - - - - - - - - - - - - - - - - - - - - - - - - - - - - -

盘口，折颈，圆鼓腹，平底。胎色灰白。内外施厚釉，釉色青黄，釉层厚薄不匀，有
流釉和脱釉现象。口内壁和外壁肩部各饰四周粗凹弦纹，腹部拍印浅细折线纹。[撰文／
张云土]

## 敞口盂

西周晚至春秋早期
高 5、口径 9.8、足径 5.5 厘米
1983 年衢州柯城区柯城乡湖柘垅大队出土，现藏于衢州市博物馆

敞口近直，束颈，折肩，浅腹斜收，圈足外撇。胎色灰白。内外通体施厚釉，釉呈褐色，
有凝釉现象。颈部饰二道凹弦纹。 [撰文／张云土]

**盘口罐**

西周晚至春秋早期

高 26、口径 17.8、底径 12 厘米

1983 年龙游县溪口公社郑家大队出土，现藏于衢州市博物馆

盘口，束颈，圆球形腹，平底。灰白色胎。内外通体施釉，釉层较厚，釉呈酱黄色，脱釉现象严重。口内饰二周凹弦纹，肩部饰凹弦纹和短斜线状水波纹，上腹部拍印浅细的折线纹，下腹拍印直条纹。[撰文／柴福有]

**桶形器**

西周晚至春秋早期
高 31.5、口径 22、底径 20 厘米
1980 年龙游县溪口公社郑家大队出土，现藏于衢州市博物馆

子母口，折肩，直筒形深腹，下腹略收，平底，肩部对称设置两个绳索状耳。胎色灰白。内外通体施釉，釉层厚，釉色青黄，釉面玻光感强，有流釉和凝釉现象。器表通体满饰大型变体云雷纹。[ 撰文／柴福有 ]

## 扁腹小鼎

西周晚至春秋早期

通高 6、口径 14 厘米

1988 年龙游县扁石砖瓦厂出土，现藏于龙游县博物馆

--------------------------------------------------------------------------

直口微侈，扁鼓腹，三圆锥形矮足，肩部两侧设耳，耳残。胎色灰白，内外通体施薄釉，
釉近黑色。颈肩部饰弦纹，腹部刻划水波纹。[撰文／朱土生]

**三足盘**

西周晚至春秋早期

通高 5.2、口径 12.8 厘米

1988 年龙游县扁石砖瓦厂出土，现藏于龙游县博物馆

直口，直腹略斜敞，下腹折收，底设三只圆锥形矮足。内外通体施釉，釉层较薄而均匀，釉近黑色。[撰文／朱土生]

### 敛口卣

西周晚至春秋早期

高 18.8、口径 12.8、底径 16.4 厘米

1988 年龙游县扁石砖瓦厂出土，现藏于龙游县博物馆

敛口，折肩，腹部较直略显丰满，平底微凹，最大腹径约在中腹部，肩部对称设置两个绳索状半环形耳。灰白色胎。器表通体施满釉，釉层较厚，釉色偏黄，有凝釉现象。胎釉结合紧密。口部饰细密弦纹，肩部刻划水波纹。[撰文／朱土生]

## 盆形小鼎

西周晚至春秋早期

通高 10.7、口径 14.5 厘米

1999 年龙游县扁石砖瓦厂出土，现藏于龙游县博物馆

口略敞，上腹较直，下腹弧收，圜底，腹较深似盆形，三只外撇圆锥形足。口沿上对称贴附一对立耳。灰白色胎。内外通体施青黄色釉，釉层厚，凝釉现象严重。[撰文／朱土生]

**鼓腹尊**

西周晚至春秋早期
高 17.7、口径 16.8、足径 12 厘米
1999 年龙游县扁石砖瓦厂出土，现藏于龙游县博物馆

- - - - - - - - - - - - - - - - - - - - - - - - - - - - - - - - - - - - - - - - - - -

大敞口，粗高颈，扁鼓腹，喇叭形高圈足。灰白色胎。内外通体施满釉，釉层较厚较匀，
釉色青黄，有较好的玻光感。颈肩之间和上腹部位饰细密的刻划水波纹，肩部饰四周
戳印圆圈纹。［撰文／朱土生］

## 鼓腹尊

西周晚至春秋早期

高 21.7、口径 20.4、足径 15.6 厘米

1999 年龙游县扁石砖瓦厂出土，现藏于龙游县博物馆

---------------------------------------------------------

大敞口，沿面向外翻平，粗高颈，圆鼓腹，倒置盘口状高圈足。灰白色胎。内外通体施釉，釉层较薄较匀，略有细点状凝釉，釉色青黄。肩部饰圈点纹一周，腹部饰剔刺纹。[撰文／朱土生]

**提梁卣**

西周晚至春秋早期

高 21.6、口径 14.0、底径 22.0 厘米

1999 年龙游县扁石砖瓦厂出土，现藏于龙游县博物馆

子口高直，平折肩，腹部微鼓下垂，下腹丰满，最大腹径在下腹部，平底微内凹。肩部置有提梁，现残，并附贴两半环耳，耳面饰龟形。灰白色胎。通体施釉，釉层厚，釉色偏黄，凝釉和流釉现象严重。上腹部刻划三组细密水波纹，腹部有一刻划符号。〔撰文／朱土生〕

**桶形器**

西周晚至春秋早期

高 25.6、口径 19、底径 18 厘米

1999 年龙游县扁石砖瓦厂出土，现藏于龙游县博物馆

子母口，侈沿，平折肩，直桶状腹略斜收，平底微凹，最大径在肩部，肩部对称设置
两个绳索状半环形耳。灰白色胎。器表通体施满釉，釉厚较均匀，釉色青中略泛黄，
玻光感强。器身通体满饰拍印的大型变体云雷纹。[撰文／朱土生]

### 直口碗

西周晚至春秋早期
高5、口径13.2、足径8.2厘米
1981年义乌县平畴公社木枧山土墩墓出土，现藏于义乌市博物馆

---------------------------------------------------------------------

直口，直腹，下腹弧收，矮圈足外撇，腹较浅。胎色灰黄。内外施青绿色厚釉，有凝釉现象，底足无釉。口沿外侧在两组双凹弦纹之间饰斜向篦点纹。［撰文／吴高彬］

### 提梁盉

西周晚至春秋早期

高 11.4、口径 12、足径 9.9 厘米

1981 年义乌县平畴公社木梶山土墩墓出土，现藏于义乌市博物馆

子母口，尖唇，短颈，斜肩，扁圆腹，高圈足外撇。一侧肩部置较长圆管状流，流口
向上近竖直状，流中空与腹相通。上有拱形盖，盖上提梁已残，提梁两端各贴饰有"S"
形纹，盖与器口粘结。胎色灰黄，施青绿色厚釉，釉面玻光感较好。肩部在三组凹弦
纹之间饰斜向篦点纹，并基本等距离贴饰三个横"S"形纹。[撰文／吴高彬]

## 敛口盂

西周晚至春秋早期

高 6.6、口径 10、足径 7.5 厘米

1981 年义乌县平畴公社木枧山土墩墓出土，现藏于义乌市博物馆

敛口，侈沿，圆唇，折肩，下腹斜收，圈足外撇，足尖内敛。肩部两侧对称设置由四泥条并列组成的半环形横耳，耳两侧各贴饰一"S"形纹，另两侧又各贴饰一个"S"形纹。胎色灰黄，内外施青褐色厚釉，有凝釉现象，底足露胎无釉。肩部在两道粗凹弦纹之间饰由斜向篦点纹组成的四叶禾苗纹。[撰文／吴高彬]

## 扁腹盂

西周晚至春秋早期

高 4.5、口径 7.3、足径 6.7 厘米

1981 年义乌县平畴公社木枧山土墩墓出土，现藏于义乌市博物馆

敞口，圆唇，束颈，扁圆腹，圈足外撇，足尖内敛。胎色灰黄，内外施青褐色厚釉，施釉不及底，凝釉明显。肩部在上下二组凹弦纹之间饰斜向篦点纹，并等距离贴饰三个"S"形纹。[撰文／吴高彬]

**筒形罐**

西周晚至春秋早期

高 13.2、口径 8.5、足径 7 厘米

1982 年长兴县便山石室土墩墓 D429 出土，现藏于浙江省文物考古研究所

敞口，短弧颈，肩部有凸棱，腹深而直呈直筒形，外撇浅圈足。灰白色胎。器表通体施釉，
釉呈茶绿色，脱釉现象严重。肩部等距堆贴"S"形纹三只，肩和上腹部间隔饰有弦纹
和斜向篦点纹。[撰文 / 陈元甫]

## 直口盂

西周晚至春秋早期
高 9、口径 15、足径 11.3 厘米
2006 年长兴县雉城镇渚山村陈母墓岭出土,现藏于长兴县博物馆

--------------------------------------------------------------

直口,折肩,腹斜收,外撇矮圈足。灰白色胎。内外通体施满釉,釉层较厚,釉色偏黄,
有凝釉和脱釉现象。肩部在两组粗凹弦纹之间饰浅细的网格纹。[撰文 / 陈元甫]

## 三足盘

西周晚至春秋早期

高 8.3、口径 22.5、足径 12.2 厘米

2006 年长兴县雉城镇渚山村陈母墓岭出土，现藏于长兴县博物馆

大口坦敞，腹部斜向剧收，腹较浅，外撇矮圈足上又加设三个足尖内敛的小矮足，盘
内粘结有一只小婉。灰白色胎。全器内外通体施厚釉，釉呈酱褐色，釉层厚薄不匀，
有凝釉和脱釉现象。盘的口沿饰有粗疏的凹弦纹，内壁在数道凹弦纹之间饰细密的刻
划网状纹。[撰文／陈元甫]

## 双耳瓶

西周晚至春秋早期
高 17.5、口径 5.3、足径 7.5 厘米
2006 年长兴县雉城镇渚山村陈母墓岭出土，现藏于长兴县博物馆

小直口，瘦长深腹，腹部下垂，最大腹径接近底部，外撇矮圈足。肩部对称贴设两个泥条半环形横耳。灰白色胎。通体满施厚釉，釉层厚薄较均匀，釉色青中泛黄，聚釉处较深呈青褐色，釉面有玻光感。纹饰繁密，颈部对称贴饰两个"S"形纹，肩腹部以多组粗凹弦纹将整个器体分成若干段，每组弦纹之间饰以浅细的刻划网状纹，有的弦纹上还叠饰圆圈纹或捺印纹。 [撰文／陈元甫]

## 带甑壶

西周晚至春秋早期
高 10.9、口径 10、足径 8.7 厘米
2006 年长兴县雉城镇渚山村陈母墓岭出土，现藏于长兴县博物馆

敞口，束颈，溜肩，鼓腹，圈足外撇，肩部置一流，壶口上置一敞口圜底设五孔的碗形甑，
甑与壶粘结在一起。胎质灰白。通体施釉，釉层较厚，釉色青褐。壶的颈肩部间隔刻
划弦纹和短斜状水波纹，甑的口沿饰弦纹并贴饰三只"S"形纹。[撰文／梁奕建]

## 敞口盂

西周晚至春秋早期
高4.6、口径8.8、足径6厘米
1999年德清县洛舍镇砂村村独仓山土墩墓D10M1出土，现藏于浙江省文物考古研究所

敞口近直，折肩，浅腹斜收，矮圈足。灰白色胎。内外均施釉，釉层较厚，厚薄均匀，釉呈茶绿色，有较好的玻光感。圈足无釉。肩部饰弦纹和斜向篦点纹，并等距贴饰三个"S"形纹。[撰文／田正标]

## 小尊（3件）

西周晚至春秋早期
高 4.3、口径 7.9、足径 6.2 厘米（左）
高 4.9、口径 7.1、足径 5.4 厘米（右上）
高 5.3、口径 7.5、足径 5.5 厘米（右上）
1987 年德清县三合朱家村塔山石室土墩墓出土，现藏于德清县博物馆

- - - - - - - - - - - - - - - - - - - - - - - - - - - - - - - - - - - - - -

大敞口，粗高颈，扁鼓腹，圈足低矮，其中两件腹部设有四条纵向扉棱。体形较小。
均内外施满釉，釉层较厚，厚薄不匀，釉呈青黄或青褐色，有凝釉现象。 [撰文／陈元甫]

古越瓷韵

浙江出土商周原始瓷集粹

73

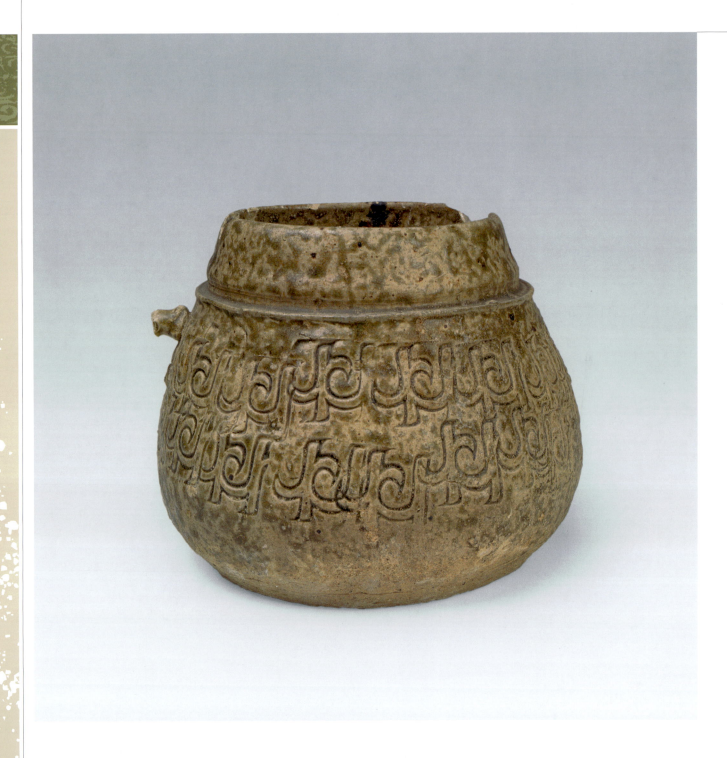

## 提梁卣

西周晚至春秋早期

高 15.1、口径 10.2、底径 18.2 厘米

1987 年德清县三合朱家村塔山石室土墩墓出土，现藏于德清县博物馆

----------------------------------------------------------------

敛口，鼓腹下垂，平底，最大腹径在下腹部，颈肩之间有一道折棱，两侧肩部设有半
环形提梁，现已残断。灰黄色胎。器表通体施青黄色厚釉，有凝釉现象。腹部饰大型
变体云雷纹。[撰文／陈元甫]

**垂腹卣**

西周晚至春秋早期

高 15.5、口径 10、底径 20.5 厘米

1987 年德清县三合朱家村塔山石室土墩墓出土，现藏于德清县博物馆

小口侈沿，短弧颈，鼓腹下垂，平底，最大腹径在中腹以下，中腹以上对称设有泥条
半环形横耳，现残缺，耳两侧贴"S"形纹。灰白色胎。通体施满釉，釉层薄而匀净，
釉色泛黄，釉面有较强的玻光感。通体饰大型变体云雷纹。［撰文／陈元甫］

### 扁腹小罐

西周晚至春秋早期
高6、口径6、底径7.5厘米
1987年德清县三合朱家村塔山石室土墩墓出土，现藏于德清县博物馆

小口侈沿，溜肩，扁鼓腹略下垂，平底，最大腹径在下腹部，肩部对称贴设一对绳索状半环横耳，耳之两侧各贴饰一个"S"形纹。灰黄色胎。器表通体施釉，釉层厚而匀净，釉色青黄，釉面有较好的玻光感。肩腹部饰折线纹。[撰文／陈元甫]

## 桶形器

西周晚至春秋早期
高 11.5、口径 11.3、底径 9.7 厘米
1976 年德清具皇坟堆出土，现藏于浙江省博物馆

- - - - - - - - - - - - - - - - - - - - - - - - - - - - - - - - - - - - - - - - - - - - - - - - - - - - -

子母口，直筒形斜直深腹，最大径在肩部，平底，口径大于底径。肩部两侧贴设绳索
状半环耳一对。灰黄色胎。内外通体施满釉，釉层较厚，釉色黄绿，纹饰深陷处釉色
较深。在肩部与绳索形环耳垂直交叉的另两侧，各贴饰一个"S"形纹，整个腹部通体
拍印多线条的大型变体云雷纹。[撰文／陈元甫]

**桶形器**

西周晚至春秋早期
高 38.8、口径 26.5、底径 20 厘米
1976 年德清县皇坟堆出土,现藏于浙江省博物馆

--------------------------------------------------------------------------

子母口,直筒形斜直深腹,平底,最大径在肩部,口径大于底径,肩部两侧贴设绳索状环耳一对。灰白色胎。内外通体施满釉,釉层较薄,釉色黄绿。整个腹部通体拍印粗大的变体云雷纹。[撰文／陈元甫]

## 桶形器

西周晚至春秋早期
高 36.8、口径 25.5　底径 24 厘米
1976 年德清县皇坟堆出土，现藏于浙江省博物馆

- - - - - - - - - - - - - - - - - - - - - - - - - - - - - - - - - - - - - - - - - - - - - - - - - - - - - -

子母口，筒形深直腹，最大径基本在肩部，平底，口径略大于底径。肩部两侧贴设绳索状环耳一对。灰白色胎。内外通体施釉，釉层较厚，釉色青绿，釉面较为明亮。上腹部拍印粗细不一的变体云雷纹，下腹部素面无纹饰。[撰文／陈元甫]

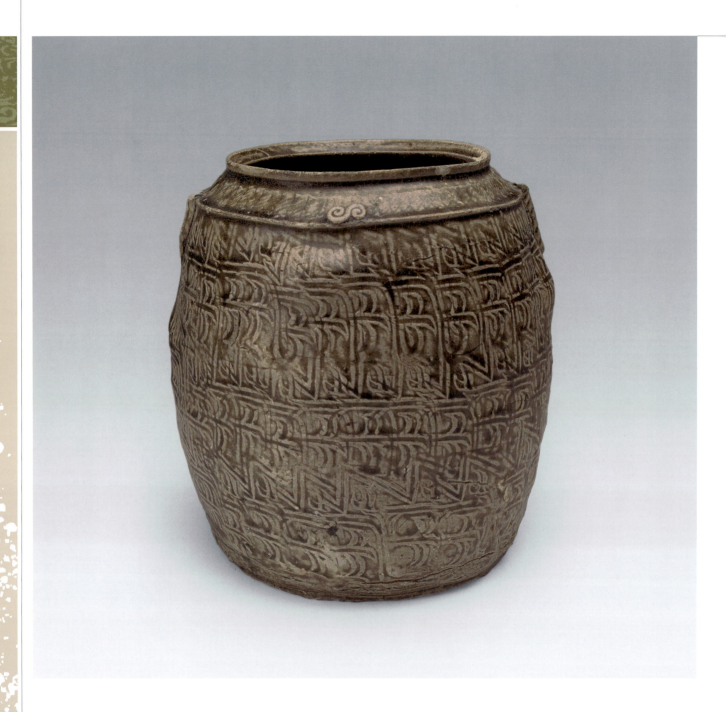

## 筒形罐

西周晚至春秋早期

高 18.5、口径 11.5、底径 14 厘米

1976 年德清县皇坟堆出土，现藏于浙江省博物馆

口微侈，斜折肩，长圆形深腹，腹部整体丰满，最大腹径在中腹，平底，底径略大于口径，肩部两侧对称贴设绳索状环耳一对。灰白色胎。内外通体施青绿色釉，釉层较厚，纹饰凹陷处釉色较深呈青褐色，釉面比较匀净明亮。与绳索形环耳垂直交叉的另两侧肩部，各贴一个"S"形纹，肩部刻划水波纹，腹部满饰拍印的大型双线变体云雷纹。［撰文／陈元甫］

**筒形罐**

西周晚至春秋早期
高 14.8、口径 12.3、底径 10.5 厘米
1973 年海宁市长安镇辛江石室土墩墓出土，现藏于海宁市博物馆

尖唇外敞，束颈，折肩，筒形深腹略斜收，平底。灰白色胎。除外底外，通体施青釉，
釉层厚而不匀，流釉严重，釉色较深。肩部饰凹弦纹和箆状纹。[撰文／刘碧虹]

**圈足碟**

西周晚至春秋早期

高 3.3、口径 12.5、足径 7 厘米

2000 年杭州市萧山区新塘街道涝湖村长山土墩墓 D3M1 出土，现藏于萧山区博物馆

--------------------------------------------------------------------------------

敞口，平沿，浅斜腹，外撇矮圈足。内外通体施青绿色厚釉，积釉处釉色较深，底足无釉。

口沿上饰多道弦纹，内底有粗凸旋纹。［撰文／蔡敏芳］

**扁腹簋**

西周晚至春秋早期
高 9.3、口径 19.7、足径 16 厘米
2000 年杭州市萧山区新塘街道涝湖村长山土墩墓 D1M1 出土，现藏于萧山区博物馆

矮直口，扁鼓腹，矮圈足外撇。灰白色胎。内外施青绿色厚釉，釉面玻光感较好，有凝釉和流釉现象。肩部饰两周由弦纹间夹的短斜线状篦点纹，肩腹部两侧各贴饰一组四个"S"形纹。[撰文／蔡敏芳]

**敞口碗**

西周晚至春秋早期
高 6.1、口径 13.8、足径 7.4 厘米
1989 年萧山市长河镇塘子堰土墩墓出土，现藏于萧山区博物馆

敞口，束颈，折腹斜收，矮圈足。胎呈淡青灰色。内外通体施青色釉，釉层较厚，釉面光亮，
有流釉和凝釉现象，釉层厚处呈青褐色，胎釉结合好。颈肩部饰以两组弦纹夹斜向的
箆点纹。[ 撰文／王兴海 ]

## 鼓腹小尊

西周晚至春秋早期

高 8.4、口径 13.4、足径 8 厘米

1997 年奉化市出土，现藏于宁波博物馆

大口外敞，束颈，腹部圆鼓，高圈足外撇。内外通体施厚釉，釉色较深呈青褐色，有
凝釉现象。口沿内侧刻划细密弦纹，上腹部饰短水波纹。[撰文／章玲]

**扁腹簋**

西周晚至春秋早期

高 7.6、口径 17.9、足径 14.3 厘米

1997 年奉化市出土，现藏于宁波博物馆

敛口近直，扁鼓腹，圈足外撇。灰白色胎。内外通体施青绿釉，釉层较厚，有凝釉现象。
肩与上腹部间隔饰细弦纹和篦点纹，并等距离堆贴三组"S"形纹。［撰文／章玲］

**扁腹簋**

西周晚至春秋早期
高 8.5、口径 14.9、足径 13 厘米
1997 年奉化市出土，现藏于宁波博物馆

直口，扁鼓腹，外撇圈足，肩部两侧对称设置绳索状半环形耳。内外通体施釉，釉层厚，釉色青绿，釉面有较强的玻光感。肩和上腹部在三组细弦纹之间饰篦点纹，篦点纹上再间隔贴饰三组"S"形纹。[撰文／章玲]

## 提梁盉

西周晚至春秋早期
高13、口径7.8、足径6.7厘米
1997年奉化市出土，现藏于宁波博物馆

----

口微敞，扁圆腹，圈足外撇，一侧腹部置一上翘圆管状流。有盖，盖上置辫形半环形提梁，
盖与口粘合，不能开启。通体施青绿釉，釉层厚薄不均匀，有凝釉现象。肩和上腹部
饰箆点纹，肩部两侧贴"S"形纹一对，流与腹接合部四周也堆贴"S"形纹。[撰文／章玲]

**盖盂**

西周晚至春秋早期
高 8、口径 11 3、足径 7.1 厘米
1997 年奉化市出土，现藏于宁波博物馆

敞口，束颈，扁腹，圈足外撇，上有拱形盖，盖纽呈扁泥条半环形。通体施青绿釉，
圈足不着釉。器身肩部在两组细弦纹之间饰篦点纹，并等距堆贴三只"S"形纹，盖纽
两端和两侧各贴饰一只"S"形纹。［撰文／章玲］

**盖盂**

西周晚至春秋早期

高5、口径5.9、足径4.5厘米

1997年奉化市出土，现藏于宁波博物馆

敛口，扁鼓腹，矮圈足，肩部对称置横向绳索状半环形双耳，耳两侧贴"S"形纹，有拱形盖，盖中心置一绳索状半环形纽，体形较小。施青褐色釉，釉层较厚，有剥釉现象。肩部饰斜向篦点纹，再对称堆贴两个"S"形纹。[撰文／章玲]

**盖盂**

西周晚至春秋早期

高6.1、口径7、足径5厘米

1997年奉化市出土，现藏于宁波博物馆

侈口，束颈，扁鼓腹，矮圈足，肩部置横向绳索状半环双耳，有拱形盖，盖纽呈两端内卷云纹状。内外施厚釉，厚薄不匀，釉呈酱褐色。上腹部饰斜向篦点纹，并两侧对称堆贴一个"S"形纹，耳之两端也堆贴"S"形纹。[撰文／章玲]

**鼓腹小尊**

西周晚至春秋早期

高 8.6、口径 12、足径 8 厘米

1992 年余姚市明伟老虎山 D1M5 出土，现藏于余姚市博物馆

- - - - - - - - - - - - - - - - - - - - - - - - - - - - - - - - - - - - - - - - - - - - - - - - - -

大口坦敞，斜沿，折颈，鼓腹，高圈足外撇。胎色灰黄。内外通体施青黄色厚釉，施釉不及底，玻光感强，有凝釉和流釉现象，积釉处釉呈酱褐色。内壁口沿和颈部饰细弦纹，外壁饰弦纹和斜向篦点纹。[撰文／谢向杰]

**敛口盂**

西周晚至春秋早期

高 4.8、口径 7、足径 5.8 厘米

1992 年余姚市明伟老虎山 D1M16 出土，现藏于浙江省文物考古研究所

弧敛口，扁鼓腹，矮圈足。灰黄色胎。内外通体施满釉，施釉甚厚，釉层厚薄不匀，有斑块状凝釉现象，釉呈黄褐色。肩部饰有比较细密的凹弦纹。[撰文／陈元甫]

**折腹瓿**

西周晚至春秋早期
高 14.8、口径 12、底径 14.4 厘米
1993 年余姚市陆埠元宝岭出土,现藏于余姚市博物馆

--------

小敛口,侈沿,短颈,广斜肩,折腹尖锐,下腹斜剧收,平底。肩部两侧对称设置有
泥条并列组成的半环形横耳,耳两侧贴"S"形纹,肩部另两侧亦各贴饰一个"S"形纹。
胎色灰黄。器表满施青褐色厚釉,有流釉现象。肩和上腹部满饰多组弦纹间隔斜向篦
点纹。[撰文 / 谢向杰]

**敞口碗**

西周晚至春秋早期
高 6.3、口径 17.7、足径 8.7 厘米
余姚市出土，现藏于余姚市博物馆

大敞口，圆唇，折腹斜收，腹较浅，圈足。灰白色胎。内外施黄褐色厚釉，釉不及底，有流釉现象。肩部饰弦纹间斜向篦点纹，并贴有"S"形纹。内底有粗螺旋纹。[撰文／谢向杰]

**筒形罐**

西周晚至春秋早期
高 15.8、口径 13.8、底径 12.2 厘米
余姚市出土，现藏于余姚市博物馆

- - - - - - - - - - - - - - - - - - - - - - - - - - - - - - - - - - - - - - - - - - - - - - - -

敞口，尖唇，束颈，斜肩，直筒形深腹，平底内凹。胎色灰白。施黄绿色厚釉，施釉不及底，
有凝釉和脱釉现象。肩和上腹部饰多组弦纹及斜向篦点纹。［撰文／谢向杰］

**折腹盂**

西周晚至春秋早期

高 7.7、口径 14.1、足径 15 厘米

慈溪市出土，现藏于慈溪青瓷博物馆

--------------------------------------------------

敛口，宽沿，折颈，广斜肩，折腹斜收，矮圈足外撇。通体施青黄色厚釉，釉面有较好
的玻光感。肩部在两组细弦纹之间饰篦点纹，并基本等距堆贴三"S"形纹。[撰文／章玲]

**扁腹小罐**

西周晚至春秋早期
高9.6、口径9.8、底径9.2厘米
宁波市出土，现藏于宁波博物馆

口微侈，扁鼓腹，肩和上腹部为三层台阶状折棱，平底内凹。腹部对称堆贴泥条半环形耳，耳残断，耳根贴饰 "S" 形纹。通体施黄绿色釉，釉面玻光感较好。肩和上腹部三个台阶部位分别饰水波纹与篦点纹。[撰文／章玲]

**直口盂**

西周晚至春秋早期

高5、口径8、足径4.8厘米

1993年瑞安市岱石山石棚墓M13出土，现藏于瑞安市文物馆

直口，折肩，浅腹斜收，圈足，足尖内敛。灰白色胎。内外通体施釉，釉层较厚，釉色青中泛黄，釉面有凝釉和脱釉现象。肩部饰三道粗疏凹弦纹。〔撰文／陈元甫〕

## 鼓腹尊

*春秋早期*

高 17.8、口径 22、足径 16.6 厘米

1989 年长兴县太傅乡石狮村土墩墓 D4M6 出土，现藏于浙江省文物考古研究所

-------------------------------------------------------------------

大敞口，宽沿向外翻平，粗高颈，扁鼓腹，喇叭形外撇高圈足，腹部有三条纵向锯齿
状扉棱。灰白色胎。内外满施青黄色釉，凝釉和剥釉现象严重。腹部拍印浅细云雷纹。

[撰文／田正标]

**筒形罐**

*春秋早期*

高 9.6、口径 10.1、底径 8.4 厘米

1989 年长兴县太傅乡石狮村土墩墓 D4M6 出土，现藏于浙江省文物考古研究所

直口，侈沿，折肩，直腹略斜收，腹较深，平底，最大径在肩部，肩部对称设置两个
绳索状半环耳。灰白色胎。内外通体满施青绿色釉，施釉甚厚，釉层厚薄不匀，有斑
块状凝釉现象，釉色青中泛黄。[撰文／田正标]

## 棘刺纹鼎

春秋早期

通高 16.2、口径 21.4 厘米

2000 年杭州市萧山区新塘街道涝湖村长山土墩墓 D2M1 出土，现藏于萧山区博物馆

敞口，卷沿，束颈，扁圆腹，圜底，底设三只圆锥形矮足，足跟平，腹部分别对称设置堆贴的两条纵向扉棱和两只泥条环耳。灰白色胎。内外壁通体施茶绿色釉，施釉均匀，胎釉结合好，釉面玻光感较好。中腹部位饰排列整齐的剔刺纹。[撰文／田正标]

**折肩盂**

春秋早期

高 7.6、口径 11.5、底径 9.5 厘米

2000 年杭州市萧山区新塘街道涝湖村长山土墩墓 D2M1 出土，现藏于萧山区博物馆

矮直口，宽折肩，腹斜收，平底，肩部两侧对称设置两个绳索状半环形横耳，耳的两侧各
贴饰一个 "S" 形纹。黄白色胎。内外通体施釉，釉呈茶绿色，釉层较厚，有斑点状凝釉现象，
釉面有较好的玻光感。宽肩部位在凹弦纹之间饰两周共八组直向篦点纹。[撰文／田正标]

**扁腹鼎**

春秋早期
高 7.7、口径 16.2 厘米
宁波市出土，现藏于宁波博物馆

---

敞口，沿外翻，束颈，扁鼓腹，三锥形足，腹部置三条纵向扉棱。内外通体施釉，釉层较厚，
釉色青中泛黄，釉面有较强的玻光感。上腹部饰有篦点纹构成的折线纹，内底有细密螺旋纹
制作痕迹。[撰文／章玲]

## 筒形罐

*春秋早期*
高 11.9、口径 10.4、底径 8 厘米
1986 年宁波市横溪棋盘山出土,现藏于宁波市鄞州区文物管理委员会

直口,斜折肩,深腹斜直收,平底。内外通体施黄绿釉,有斑点状凝釉现象。肩部饰堆贴"S"
形纹和戳刺篦点纹,上腹部刻划水波纹。〔撰文／章玲〕

## 罐形鼎

春秋早中期
通高 8.9、口径 11.7 厘米
1978 年桐乡市骑塘梵山出土，现藏于桐乡市博物馆

直口微侈，广弧肩，折腹斜收，平底下置三只外撇矮足，肩部对称设置绳索状半环形耳。
灰白色胎。器表通体施青黄色釉，釉层较薄。肩和上腹部饰水波纹。[撰文／周伟民]

## 垂腹盖罐

春秋早中期
高 10.8、口径 8.9、足径 7 厘米
1978 年桐乡市虎啸杨梅湾出土，现藏于桐乡市博物馆

- - - - - - - - - - - - - - - - - - - - - - - - - - - - - - - - - - - - - - - - - - - - - - - - - - -

子母口，颈略束，垂腹微鼓，圈足，上置拱形盖，盖纽呈绳状半环形，纽两端贴 "S"
形纹。灰白色胎。器表通体施釉，釉层薄而均匀，釉色偏青白，胎釉结合紧密。器身
刻划大型变体云雷纹。[撰文 / 周伟民]

## 垂腹小罐

春秋中期

高 8.7、口径 12、底 9.5 厘米

1973 年海宁市袁花镇夹山出土，现藏于海宁市博物馆

口微敞，鼓腹下垂，最大腹径在接近底部，平底内凹。肩部两侧对称设置双泥条半环形横耳。灰白色胎。内外通体施釉，釉色青黄。外腹部刻划三组水波纹，内壁底可见细密螺旋纹。〔撰文／刘碧虹〕

## 敞口盘

春秋早中期

高 2.8、口径 9.2、足径 5.6 厘米

2000 年杭州市萧山区新塘街道涝湖村长山土墩墓 D8 出土，现藏于萧山区博物馆

敞口，浅腹弧收，饼形实足。胎呈淡青灰色。内外通体施满釉，釉色青绿，胎釉结合好。内底满布螺旋纹。[撰文／王兴海]

## 敞口盘

春秋早中期

高 3.1、口沿 10.6、底径 4.8 厘米

2000 年杭州市萧山区新塘街道涝湖村长山土墩墓 D8 出土，现藏于萧山区博物馆

大口坦敞，上腹壁较直，下腹剧收，小平底。胎呈淡青灰色。内外通体施青黄色釉，釉层较薄，胎釉结合好，内壁釉面较光亮。内底满布螺旋纹。[撰文／王兴海]

## 罐形小鼎

春秋早中期

通高 9.2、口径 12.5 厘米

1993 年绍兴县漓渚镇出土，现藏于越国文化博物馆（绍兴县博物馆）

敞口，束颈，弧肩，腹扁鼓，圜底近平，底置外撇三足，肩至下腹等距贴置纵向扉棱
三条。胎色灰白。内外通体施青黄釉，釉层厚薄不均，有聚釉斑点。颈部刻划水波纹，
腹部戳印圆圈纹。[撰文／周燕儿]

**垂腹罐**

春秋早中期
高 11.6、口径 12、底径 9.6 厘米
1993 年瑞安市岱石山石棚墓 M30 出土，现藏于瑞安市文物馆

- - - - - - - - - - - - - - - - - - - - - - - - - - - - - - - - - - - - - - - - - - - - -

敞口，短折颈，溜肩，鼓腹下垂，最大腹径在下腹部，平底略内凹。灰黄色胎。内外
通体施厚釉，釉层厚薄不匀，釉呈深褐色。肩部饰刻划水波纹。腹部明显可见制坯时
留下的分段对接痕迹。[撰文／陈元甫]

## 扁腹罐

春秋中期

高 10、口径 13.2、底径 10.3 厘米

1982 年长兴县便山土墩墓 D418 出土, 现藏于浙江省文物考古研究所

--------------------------------------------------------------

敛口, 平沿, 扁圆腹, 平底, 腹径大于器高, 肩部对称设置装饰性泥条小耳, 已断脱。灰白色胎。内外通体施满釉, 釉层薄而匀净, 釉色淡青, 胎釉结合紧密, 釉面具有较好的玻光感。肩部饰细密的刻划水波纹。内壁可见细密轮旋纹。[撰文／陈元甫]

敛口，上腹圆鼓，下腹斜收，平底，最大腹径基本位于中腹部，肩部对称设置两个双泥条横耳。黄白色胎。器表通体施釉，釉色偏黄，釉层厚薄均匀，釉面玻光感较强，胎釉结合良好。肩部饰刻划水波纹，腹部满饰拍印对称弧线纹。[撰文／田正标]

**敛口罐**

春秋中期

高 27.8、口径 14、底径 23.8 厘米

1989 年长兴县太傅乡石狮村土墩墓 D4M4 出土，现藏于浙江省文物考古研究所

敛口，上腹圆鼓，下腹斜收，平底，最大腹径基本位于中腹部，肩部对称设置两个双泥条横耳。黄白色胎。器表通体施釉，釉色偏黄，釉层厚薄均匀，釉面玻光感较强，胎釉结合良好。肩部饰刻划水波纹，腹部满饰拍印对称弧线纹。[撰文／田正标]

**扁腹小罐**

春秋中期

高 8.7、口径 11.5、底径 8.6 厘米

1978 年桐乡市虎啸杨梅湾出土，现藏于桐乡市博物馆

敛口，平沿，广斜肩，腹扁鼓，平底。灰白色胎。器表施青黄色釉，釉层薄而均匀，有较好玻光感。肩及上腹部饰水波纹。[撰文／周伟民]

**直口碗**

春秋中期

高 4.3、口径 10.6、底径 5.7 厘米

2000 年杭州市萧山区新塘街道涝湖村长山土墩墓 D8 出土，现藏于萧山区博物馆

直口，直腹，近底处剧收，平底假圈足。灰黄色胎。内外通体施釉，釉色青黄，釉层薄而均匀，胎釉结合良好。内壁底有细密规整的螺旋纹，外底有弧形线割痕迹。[撰文／蔡敏芳]

**直口碗**

春秋中期

高 3.5、口径 8.5、底径 5.5 厘米

1996 年杭州市萧山区戴村镇大湖头村出土，现藏于萧山区博物馆

直口，沿面向外折平，腹略鼓，平底略内凹。灰白色胎。内外通体施釉，釉色偏黄，釉层均匀，胎釉结合较好。口沿上饰有一圈弦纹，器内底有规整螺旋纹。[撰文／王兴海]

**垂腹罐**

春秋中期

高 10、口径 11、底径 10 厘米

1980 年慈溪市樟树五四大队出土，现藏于慈溪市博物馆

口沿外翻，短折颈，垂腹外鼓，最大腹径在接近底部，平底，肩部对称设置一对双泥
条半环形横耳。胎色青灰。内外通体施釉，内壁青绿色釉层明显，外壁釉层极薄。肩
部饰细密的刻划水波纹。[ 撰文／洪甜 ]

## 盅式碗

春秋晚期

高 5、口径 8.8、底径 4.8 厘米（左 长 D497 上 M1:8）

高 6.3、口径 11.4、底径 6.2 厘米（右 长 D497 下 M2:18）

1982 年长兴便山土墩墓 D497 出土，现藏于浙江省文物考古研究所

子母口，腹壁陡直，近底处折收成小平底。右件子母口较宽阔，上有拱形盖，盖纽呈
泥条半环形。灰白色胎，胎质细腻。内外通体施釉，釉层薄而均匀，釉色青中泛黄。
内壁底有细密螺旋纹。〔撰文／陈元甫〕

**盖罐**

春秋晚期

高 9.4、口径 8.8、底径 8 厘米

1973 年海宁市长安镇辛江兴福庙墩出土，现藏于海宁市博物馆

----------------------------------------------------------------

敛口，鼓肩，近斜直腹，平底，有圆饼形盖。胎色灰黄，胎质细腻。通体施青色釉，
釉层匀净明亮，玻光感强，胎釉结合好。［撰文／刘碧虹］

## 盅式碗

春秋晚期

高 6.8、口径 11.8、底径 6.2 厘米

1977 年上虞市小越镇出土，现藏于上虞市博物馆

------------------------------------------------

子母口，腹壁较陡直，近底部向内折收，平底。内外施淡青色薄釉，釉层匀净莹润，
有较好玻光感，胎釉结合良好。器身内壁有细密螺旋纹。[撰文／陈晓敏]

**镂孔长颈瓶**

战国

高 47.2、口径 9.7、底径 17.6 厘米

1997 年绍兴县皋埠镇上蒋村凤凰山 M3 出土，现藏于越国文化博物馆（绍兴县博物馆）

细长颈，颈口微敞，平沿，上腹圆鼓，下腹斜收，平底，肩部有两圈上下交叉分布的狭长三角形镂孔。体形高大。胎色灰白。器表施青黄色釉，釉层不均匀，有凝釉和脱釉现象。口沿下饰五周凸弦纹，肩腹部饰七周刻斜线凸弦纹。［撰文／陈元甫］

匜

战国

高 9.7、口长径 18、底径 10 厘米

1997 年绍兴县皋埠镇上蒋村凤凰山 M3 出土，现藏于越国文化博物馆（绍兴县博物馆）

口微敛，弧收腹，平底，一侧口部设上翘槽形流，相对的另一侧置半环形小纽。内外通体
施满釉，釉层较薄较均匀，胎釉结合紧密，釉色青中泛黄，釉面有较好玻光感。[撰文／陈元甫]

**盖鼎**

战国

通高 11.5、口径 12.4 厘米

1980 年绍兴县上蒋公社凤凰山出土, 现藏于绍兴市文物管理局

--------------------------------------------------------------------------

子母口, 深弧腹, 平底下置三兽蹄形足, 足矮而内敛, 口沿两侧附长方形耳, 耳上端外折。
口上有拱形盖, 盖中心有一半环形小纽, 近盖沿等距离设置三个小凸纽。胎色灰白。
内外施青黄色釉, 釉面光亮。[撰文／蒋明明]

**鼓腹罐**

战国

高 13.1、口径 11.2、底径 11 厘米

1996 年绍兴县上蒋乡凤凰山出土，现藏于越国文化博物馆（绍兴县博物馆）

- - - - - - - - - - - - - - - - - - - - - - - - - - - - - - - - - - - - - - - - - - - - - - - -

口微侈，溜肩，上腹圆鼓，下腹斜收，平底。灰白色胎。器表通体施青黄色釉，有凝
釉和脱釉现象，外底无釉。[撰文／陆菊仙]

**鼓腹罐**

战国

高 14.5、口径 12、底径 12 厘米

1979 年绍兴县上蒋公社凤凰山出土，现藏于绍兴市文物管理局

---------------------------------------------------------

直口，方唇，鼓肩，上腹圆鼓，下腹弧收，平底，肩部两侧对称贴两个横 "S" 形纽。

胎色灰白。器表施黄绿色釉，有流釉现象。[撰文／蒋明明]

## 大口罐

战国

高 12、口径 13.3、底径 9 厘米

1981 年绍兴县上蒋公社凤凰山出土，现藏于绍兴市文物管理局

大口内敛，腹部自肩开始斜直收，平底，最大径在肩部，肩部两侧对称贴两个横 "S"
形纽。胎色灰白。内外通体施黄褐色釉，凝釉现象严重。上腹部饰直条纹。[撰文／蒋明明]

## 双耳罐

战国

高 13.5、口径 11、底径 11 厘米

1981 年绍兴县上蒋公社凤凰山出土，现藏于绍兴市文物管理局

口微侈，宽斜肩，腹部自肩开始斜收，平底，最大径在肩部，肩两侧对称贴铺首。胎色灰白。
器表施青灰色釉，下腹部釉大部已剥落。肩和上腹部各饰一周直条纹。[撰文／蒋明明]

## 提梁盉

战国

通高 21.3、口径 8.3 厘米

1987 年绍兴县上蒋乡上蒋村出土，现藏于越国文化博物馆（绍兴县博物馆）

--------------------------------------------------

小直口，平肩，上腹圆鼓，下腹弧收，平底，底置三只兽蹄形矮足，肩部置夔龙形提梁，
前置夔龙首流，后设龙尾，提梁上几段锯齿状扉棱仿佛龙的背鳍。口上置平顶形盖，
盖沿折直，盖中心设半环形小纽。胎色灰黄。通体施青黄色釉，釉层厚薄比较匀称，
有较好玻光感。肩和上腹部均在刻斜线弦纹之间饰"S"形纹。[撰文／梁志明]

## 三足壶

战国

通高 10、口径 6.6 厘米

1979 年绍兴县皋埠镇唐家村出土，现藏于绍兴市文物管理局。

小直口，高直颈，宽阔平折肩，扁宽腹，平底下置三只兽蹄形足。灰白色胎。器表施青黄色釉，大部分釉未完全玻化，局部有剥落现象，底与三足无釉。肩腹部饰刻划弦纹和水波纹。[撰文／蒋明明]

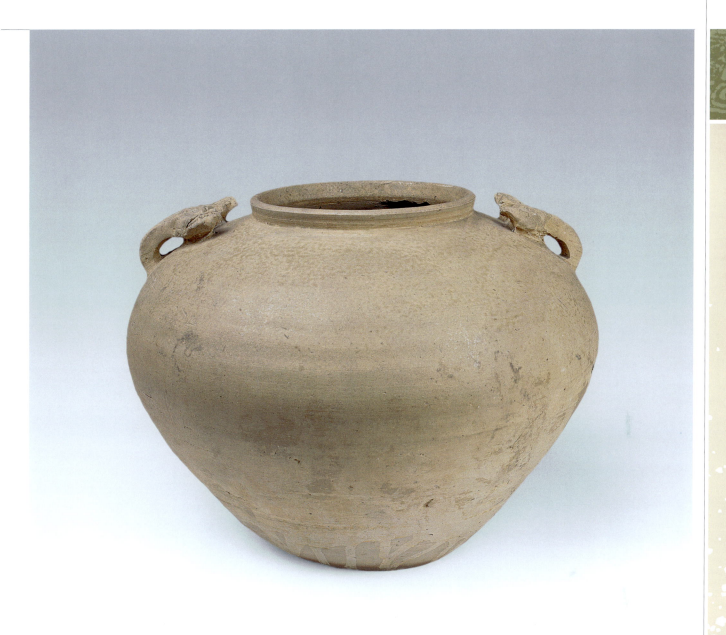

## 瓿

战国

高 23.2、口径 15、底径 13.3 厘米

1994 年绍兴县皋埠镇出土，现藏于越国文化博物馆（绍兴县博物馆）

直口，短折颈，溜肩，圆鼓腹，下腹收敛较甚，小平底微内凹。两侧肩部对称设置翘角牛首状耳一对。外壁施满釉，釉层较薄，釉色青黄。［撰文／周燕儿］

**盖鼎**

战国

通高 19.6、口径 16.7 厘米

1995 年绍兴县福全镇洪家墩村猪头山出土，现藏于越国文化博物馆（绍兴县博物馆）

-----------------------------------------------------------------------

子母口，直腹略弧收，圜底，两侧口旁设长方形附耳，底置三只细长扁足，足尖略外撇。
口上有拱形盖，中心盖纽呈半环形，外围等距设置三只双孔鼻纽，其中一只残缺。通
体施釉，釉色青中泛黄，玻光感较好。盖面用四圈刻斜线凸弦纹分隔成内外四层区域，
每层区域内满饰云雷纹。〔撰文／陈元甫〕

### 盖鼎

战国

通高 19.6、口径 16.7 厘米

1995 年绍兴县福全镇洪家墩村猪头山出土，现藏于越国文化博物馆（绍兴县博物馆）

鼎身为子母口，深直腹，圜底，三足高而外撇，两侧口旁设长方形附耳。上有拱形盖，顶置桥形纽，周边等距置三只双孔扁鼻纽。灰白色胎。通体施薄釉，釉多脱落。盖面在四周凸绚纹之间满饰由两个反向排列"C"形纹构成的"S"形纹。[撰文／周燕儿]

**盖鼎**

战国

通高 14.1、口径 11.8 厘米

1995 年绍兴县福全镇洪家墩村猪头山出土，现藏于越国文化博物馆（绍兴县博物馆）

--------------------------------------------------

鼎身为子母口微敛，长方形附耳，深弧腹，小平底，下附兽蹄形三足。上有拱形盖，周置三等距环形纽。内外施薄黄色釉，多脱落。盖面及上腹满饰 "C" 形纹，间隔凸绹纹或凸弦纹。外底有线割痕。［撰文／周燕儿］

## 瓿形鼎

战国

通高 14.5、口径 16.8 厘米

1995 年绍兴县福全镇洪家墩村猪头山出土，现藏于越国文化博物馆（绍兴县博物馆）

- - - - - - - - - - - - - - - - - - - - - - - - - - - - - - - - - - - - - - - - - - - - - - - - - - - - - - -

大盘口，方唇，束腰，扁鼓腹，圜底近平，底下三足高而外撇，口沿内侧设对称泥条半环形耳一对，其中一只残断。胎色灰白。内外通体施青黄色釉，釉层厚薄不均，有凝釉现象。［撰文／梁志明］

## 高把豆

战国
高 11.5、口径 17.2、足径 9.5 厘米
1995 年绍兴县福全镇洪家墩村猪头山出土，现藏于越国文化博物馆（绍兴县博物馆）

------------------------------------------------------------------

直口，浅盘，盘壁近直，盘底较平，喇叭形细高把，圈足部分外撇较大。灰黄色胎。
内外通体施釉，釉层较薄，釉色偏黄，有凝釉和脱釉现象。［撰文／陈元甫］

## 深腹盒

战国

高 6.0、口径 12.9、底径 6.8 厘米

1995 年绍兴县福全镇洪家墩村猪头山出土，现藏于越国文化博物馆（绍兴县博物馆）

子母口，腹部自口至底弧收，平底，腹较深。胎色灰黄。内外通体施薄釉，釉色青黄，凝釉明显。口沿两侧贴"S"形纹。［撰文／高幸江］

**直腹盘**

战国

高 5.1、口径 14.5、底径 7 厘米

1995 年绍兴县福全镇洪家墩村猪头山出土，现藏于越国文化博物馆（绍兴县博物馆）

--------------------------------------------------------------------------------

直口，直腹微斜，近底处折收成小平底。胎色灰黄。内外通体施青黄色釉，釉层较薄。

内壁底有细密螺旋纹。[ 撰文 ／ 高幸江 ]

## 提梁盉

战国

通高 18.5、口径 6 厘米

1981 年绍兴县平水镇上灶村虎山砖瓦厂出土，现藏于绍兴市博物馆

--------------------------------------------------------------------

小直口，方唇，短直颈，丰肩，圆鼓腹，平底下立三只兽蹄形足。夔龙状环形提梁，
一侧置龙首形流，相对的另一侧饰扉棱状龙尾。灰白色胎。通体施青黄色薄釉，上腹
部釉层匀净明亮，下腹部有釉层脱落现象。肩和上腹部在三条粗凸弦纹之间满饰刻饰
水波纹。[撰文／娄烈]

## 盆形鼎

战国

通高 13.6、口径 17.8 厘米

1989 年绍兴县上灶乡上灶村大教场出土，现藏于越国文化博物馆（绍兴县博物馆）

--------------------------------------------------------

直口，浅直腹，近底部内收成平底，底置三只外撇高足，口沿上设对称长方形立耳一对。
胎色灰白。内外通体施青黄色釉，釉面多凝釉斑点。[撰文／梁志明]

**盆形鼎**

战国

通高 11.6、口径 16.5 厘米

1989 年绍兴县上灶乡上灶村出土，现藏于越国文化博物馆（绍兴县博物馆）

直口，平沿，直腹较深，圆底，口沿上对称设置两个长方形立耳，底附三足高而外撇。
灰黄色胎。内外通体施青黄色薄釉，釉层脱落严重。[撰文／金东海]

**盆形小鼎**

战国

通高 7.4、口径 11 厘米

2002 年绍兴县平水镇上灶村出土，现藏于越国文化博物馆（绍兴县博物馆）

-------------------------------------------------------------------

直口，浅腹近直，底微内凹。口沿上对称设置两长方形立耳，底下三足稍外撇。内外
满施青黄色釉，凝釉现象严重，有凝釉斑点。[撰文／葛国庆]

**杯**

战国

高 10.4、口径 12.2、底径 7.8 厘米

2002 年绍兴县平水镇上灶村出土，现藏于越国文化博物馆（绍兴县博物馆）

直口，深直腹，近底处折收，平底。胎色灰白。内外施满釉，釉层较薄，釉色青灰，胎釉结合紧密。［撰文／葛国庆］

## 圈足盘

战国

高 7.9、口径 28.9、足径 22.5 厘米

1995 年绍兴县平水镇上灶村出土，现藏于越国文化博物馆（绍兴县博物馆）

--------------------------------------------

口近直，斜直浅腹，平底下置外撇圈足，体形较大。两侧口旁对称设置象征性双耳。
灰白色胎。内外施满釉，釉色偏黄，内壁釉面玻光感较好。外壁饰变体云雷纹。[撰文

／陈元甫]

## 敛口盆

战国

高 6.8、口径 23、底径 20 厘米

绍兴县平水镇上灶村出土，现藏于越国文化博物馆（绍兴县博物馆）

- - - - - - - - - - - - - - - - - - - - - - - - - - - - - - - - - - - - - - - - - - - - - - - - -

弧敛口，斜直腹，平底，腹甚浅，口沿下等距离设置四只铺首衔环。内外通体施满釉，
釉色青中泛黄，有点状凝釉现象，玻光感较好。[撰文／陈元甫]

**镇**

战国

通高10.2、底径9厘米

2000年绍兴县平水镇中灶村出土，现藏于越国文化博物馆（绍兴县博物馆）

整体为馒首形，弧顶，圆球形腹，至下腹内收为平底，底有孔呈玉璧状，腹空。顶置半环形纽。器表通体施薄釉，釉色偏黄。顶部满饰密集的戳印连珠纹，肩腹部先在坯体上间隔刻划粗凹弦纹五周，弦纹凹槽内填以褐彩，然后再通体上釉，烧成后形成五周褐色弦纹。褐彩装饰流行于六朝时期，早在战国时期的原始瓷上就使用此装饰，实属罕见，也可视作我国最早的釉下彩。[撰文／陈元甫]

**镇**

战国

通高10、底径8.2厘米

2000年绍兴县平水镇中灶村出土，现藏于越国文化博物馆（绍兴县博物馆）

整体为馒首形，弧顶，圆球形腹，至下部内收为平底，底部有孔呈玉璧状，腹空。顶置半环形纽。灰黄色胎。满施青黄色薄釉，釉面无明亮玻光感。顶面饰连珠纹，腹部自上而下刻凹弦纹五周，弦纹内填褐彩。[撰文／梁志明]

**镇**

战国

通高10.5、底径8.2厘米

2000年绍兴县平水镇中灶村出土，现藏于越国文化博物馆（绍兴县博物馆）

整体为馒首形，弧顶，圆球形腹，至下部内收为平底，底部有孔呈玉璧状，腹空。顶置半环形纽。灰黄色胎。满施青黄色薄釉，釉面无明亮玻光感。顶面饰连珠纹，腹部自上而下刻凹弦纹五周，弦纹内填褐彩。[撰文／梁志明]

**镇**

战国

通高10.2、底径8.5厘米

2000年绍兴县平水镇中灶村出土，现藏于越国文化博物馆（绍兴县博物馆）

整体为馒首形，圆鼓腹，至下腹内收为平底，底部有孔呈玉璧状，腹空。顶置半环形纽。胎色灰黄。通体施青绿色釉，釉层较厚，釉面有明亮玻光感。顶面以一道凹弦纹为界，内饰云雷纹，中腹部饰一道凹弦纹，下腹部饰云雷纹。[撰文／梁志明]

## 镇

战国

通高8.5、底口径9.6厘米

1991年绍兴县平水镇陈家坞村出土，现藏于绍兴市文物管理局

馒首形，弧顶，底口内敛，底部开敞，中空。顶置半环形纽，纽衔一活动圆环。灰白色胎。器表通体施釉，釉层较厚，釉色青黄，有凝釉和剥釉现象。顶部和底缘部分别饰云雷纹二圈。[撰文／蒋明明]

**平底鉴**

战国

高 10.3、口径 26.4、底径 17.3 厘米

1991 年绍兴县平水镇陈家坞村出土，现藏于绍兴市文物管理局

口微敞，平折沿，束颈，斜收腹，平底。胎色灰白。内外通体施青黄色釉，釉层较薄，内壁釉面光亮。口沿饰有"S"形纹，颈和上腹部在三周刻划斜线的凸弦纹之间饰以"S"形纹。［撰文／蒋明明］

## 盅式碗

战国

高 4.3、口径 12.8、底径 5.6 厘米

1985 年绍兴县上灶乡诸家溇出土，现藏于越国文化博物馆（绍兴县博物馆）

直口，直腹，近底处折收成小平底。胎色灰白。内外通体施釉，釉层较厚，釉色青黄，凝釉现象严重。［撰文／高幸江］

## 双耳罐

战国

高 24，口径 19.5，底径 12.8 厘米

绍兴县平水镇平水江水库出土，现藏于绍兴市博物馆

- - - - - - - - - - - - - - - - - - - - - - - - - - - - - - - - - - - - - - -

直口，方唇，短折颈，广弧肩，上腹圆鼓，下腹斜收，平底，底径小于口径，两侧肩部对称设置小环耳。灰白色胎。器表施青黄色釉，釉层薄而均匀。肩和上腹部各饰直条纹。［撰文／娄烈］

## 兽面鼎

战国

通高 14.6、口径 13.2 厘米

2002 年绍兴县漓渚镇小步村出土，现藏于越国文化博物馆（绍兴县博物馆）

直口，外折平沿，浅直腹，平底下置三只兽蹄形足，一侧口沿上高耸宽阔的兽首，额上饰冠状纹样，眼珠突出，面目狰狞。与之相对的另一侧口沿下置一走兽，头露器口，张嘴卷尾，似欲食鼎内之物。另外两侧口沿下设长方形附耳一对，耳上端外折。内外通体施满釉，釉层较厚，釉色青中略泛黄。腹部以两条凹弦纹之间刻划斜线纹为分隔，上下均饰云雷纹。此器造型精巧，神形兼备，釉面甚佳，堪称原始瓷中的精品。[撰文／陈元甫]

**盆形鼎**

战国

通高 19.2、口径 18.8 厘米

2002 年绍兴县漓渚镇小步村瓦窑山出土，现藏于越国文化博物馆（绍兴县博物馆）

---

直口，斜沿外折，直腹较深，底设三细长足，足尖外撇，口沿上对称设近长方形立耳。
内外通体施釉，釉层较薄，釉色偏黄，局部无明亮釉层。〔撰文／陈元甫〕

器表通体施釉，釉层较薄，釉色偏黄，釉面玻光感较好。颈部饰两道粗凹弦纹，肩、中腹和下腹部各饰有一组云雷纹纹饰带。[撰文

**壶**

战国

高 35.3、口径 9.5、底径 14.3 厘米

2002 年绍兴县漓渚镇小步村瓦窑山出土，现藏于越国文化博物馆（绍兴县博物馆）

--------------------------------------------------------------------------------

子母口，粗颈高直，溜肩，上腹圆鼓，下腹剧收，平底，最大腹径在上腹部，上腹部等距离分设三个半环形耳。原应有盖，现失。
器表通体施釉，釉层较薄，釉色偏黄，釉面玻光感较好。颈部饰两道粗凹弦纹，肩、中腹和下腹部各饰有一组云雷纹纹饰带。[撰文
／陈元甫]

## 平底鉴

战国

高 22.4、口径 37、底径 23.5 厘米

2002 年绍兴县漓渚镇小步村瓦窑山出土，现藏于越国文化博物馆（绍兴县博物馆）

大口微敞，外折平沿，口下微束，深腹弧收，平底，体形较大。颈肩部对称分设一对半环形耳和一对高浮雕云雷纹兽面形耳。灰白色胎。内外通体施釉，釉层极薄，釉色偏黄，玻光感弱。肩和腹部间隔分饰四组粗凸弦纹。［撰文／陈元甫］

**三足鉴**

战国

通高 8.1、口径 21.8、底径 15.3 厘米

2002 年绍兴县漓渚镇小步村瓦窑山出土，现藏于越国文化博物馆（绍兴县博物馆）

直口微敛，外折平沿，口下微束，腹弧收，平底下附三个圆锥形矮足，两侧颈肩部对
称设置高浮雕云雷纹兽面形耳。胎色灰黄。内外通体施青褐色釉，釉层较薄，有流釉
现象。颈、肩和上腹部分饰三道凸棱纹，凸棱纹之间饰云雷纹。［撰文／高幸江］

匜

战国

高 10.6、口径 17.3、底径 9.2 厘米

1996 年绍兴县漓渚镇大兴村出土，现藏于越国文化博物馆（绍兴县博物馆）

直口微敛，深腹弧收，平底。口部一侧置一微微上翘的槽形流，相对应的另一侧饰一
兽面形小鋬。胎色灰黄。内外通体施釉，釉层厚薄均匀，釉色偏黄。外壁口沿以下通
体饰瓦棱纹，内壁刻划一叶脉纹。［撰文／梁志明］

## 直腹簋

战国
通高 10.4、口径 21.5、足径 18.3 厘米
2009 年绍兴县漓渚镇出土，现藏于绍兴市博物馆

--------------------------------------------------

直口，方唇，直腹，平底下设外撇高圈足。胎色灰白。内外通体施釉，釉色偏黄，有凝釉点。
外腹壁中部饰四道粗凹弦纹。[撰文／娄烈]

## 三足缶

战国

高 24.4、底径 23 厘米

2005 年绍兴县陶堰镇眠狗山出土，现藏于越国文化博物馆（绍兴县博物馆）

大口斜敞，深腹弧收，平底下设三只矮蹄足。上腹两侧对称设置两只半环形耳，另两侧
对称贴饰两只蜥蜴，蜥蜴两前肢攀在口沿上，口咬住口沿，两后肢匍匐在缶的上腹部，
形象生动。体形硕大，略有变形。灰白色胎。内外通体施满釉，釉层较薄，釉色偏黄。口沿、
上腹部以及蜥蜴全身，饰戳印的 "C" 形纹或有两个反向 "C" 形纹构成的 "S" 形纹，
肩和上腹部还间隔饰有二或三道凹弦纹，弦纹之间刻划斜线或交叉斜线纹。[撰文／陈元甫]

**平底鉴**

战国
高 9.5、口径 24.1、底径 14.5 厘米
2005 年绍兴县陶堰镇眠狗山出土，现藏于越国文化博物馆（绍兴县博物馆）

直口，束颈，弧腹，下腹斜收，平底，微内凹。体形较大。胎色灰黄。内外通体施釉，釉层稀薄，釉面无玻光感，局部脱釉。肩和上腹部饰水波纹。[撰文／高幸江]

## 三足烤炉

战国

通高 7.8、口径 31、底径 14.5 厘米

2005 年绍兴县陶堰镇眠狗山出土，现藏于越国文化博物馆（绍兴县博物馆）

平沿内折，沿面较宽，腹斜向剧收，小平底，平底下设三兽蹄形矮足，口沿下等距离
置三个铺首。灰黄色胎，器表粗糙。施青黄色釉，釉层稀薄，无明亮釉面。外壁口旁
饰由两个反向排列戳印"C"形纹构成的"S"形纹。［撰文／高幸江］

**兽面鼎**

战国

通高 14.6、口径 13.4 厘米

1989 年绍兴县解放乡张家葑村乱竹山出土，现藏于越国文化博物馆（绍兴县博物馆）

-----------------------------------------------------------------------

口微敛，平沿外折，弧腹，平底，底附外撇三足，口沿一侧塑长颈高冠兽首，面目狰狞，相对应的另一侧口沿以下贴一长条形兽尾，兽首两侧上腹部各置一长方形附耳，耳上端外折。胎色灰白。内外通体施青灰色釉，有凝釉现象。腹部有一周凸棱。[撰文／梁志明]

## 提梁盉

战国

通高 20.5、口径 8.3 厘米

1970 年绍兴县红旗公社向阳大队出土，现藏于绍兴市文物管理局

小直口，方唇，广弧肩，深腹弧收较甚，平底置兽蹄形三足。两侧肩部之间有夔龙状
环形提梁相连接，提梁上有两段扉棱，与提梁对应的上腹部一侧置龙首形流与腹部相通，
另一侧置一道扉棱作龙尾。胎色灰白。器表通体施青黄色薄釉，有剥釉现象。肩和上
腹部在四道弦纹之间满饰"S"形纹。[撰文／蒋明明]

**高把豆**

战国

高 7.5、口径 12.8、足径 8.3 厘米

1996 年绍兴县兰亭镇里木栅村出土，现藏于越国文化博物馆（绍兴县博物馆）

直口微敛，弧腹，浅盘，高把，喇叭形圈足外撇较甚，足缘折直。内外通体施青黄色薄釉，
釉层不均，局部脱落。把和圈足部各饰凹弦纹两周。［撰文／周燕儿］

**盆形鼎**

战国

通高 15.4、口径 16 厘米

绍兴县出土，现藏于绍兴市博物馆

直口微敛，平沿外折，直腹较深，平底下置三足，足高而外撇，口沿上对称设置长方
形立耳一对。灰白色胎。内外通体施釉，釉层薄而均匀，釉色青黄，局部有脱釉现象。

[撰文／娄烈]

**提梁盉**

战国

通高 18.6、口径 7.3 厘米

绍兴县出土，现藏于绍兴市文物管理局。

小直口，圆唇，弧肩，扁圆腹，平底置兽蹄形三足，两侧肩部之间有夔龙状环形提梁
相连接，提梁上有两段扉棱，与提梁对应的上腹部一侧置龙首形流与腹部相通，另一
侧置一道扉棱作龙尾。有盖，盖呈覆盘形。胎色灰白。器表施青黄色釉，釉层较薄，
下腹部有剥釉现象。盖面中心有一小纽，并饰有"S"形纹和弦纹，肩和上腹部在四道
弦纹之间满饰水波纹。[撰文／蒋明明]

## 鼓腹罐

战国

高 19、口径 15.2、底径 13.3 厘米

绍兴县出土，现藏于绍兴市文物管理局

矮直口微侈，弧肩，上腹圆鼓，下腹斜收，平底。胎色灰白。器表通体施釉，釉层厚，
釉呈青黄色，玻光感较好，有斑块状凝釉。[撰文 ／ 蒋明明]

**瓿**

战国

高 20.2、口径 13.2、底径 11.9 厘米

1990 年绍兴县出土，现藏于越国文化博物馆（绍兴县博物馆）

短直口，溜肩，上腹圆鼓，下腹收敛较甚，平底，腹径大于器高，两侧肩部各设一牛首形铺首耳。器表施釉，釉层较薄而匀净，釉色泛黄，略现玻光感。[撰文／陈元甫]

**敛口盆**

战国

高 10.2、口径 26.7 厘米

绍兴县出土，现藏于越国文化博物馆（绍兴县博物馆）

弧敛口，斜收腹，平底，体形较大，肩部两侧对称设置两只铺首，另外两侧对称设置
两只小环耳。内外通体施釉，釉色偏黄，有一定的玻光感。[撰文／陆菊仙]

## 钵

战国
高 5.8、口径 17.5、底径 10.5 厘米
绍兴县出土，现藏于绍兴市文物管理局

----------------------------------

直口微敛，腹弧收，平底，口下两侧对称设有两个小环耳。胎色灰白。内外通体施青
黄色釉，釉层薄而均匀，釉面光亮，胎釉结合良好。[ 撰文／蒋明明 ]

 瓿

战国

高 25、口径 18.5、底径 16.4 厘米

2000 年绍兴市越城区梅山乡肖港村出土，现藏于绍兴市文物管理局

直口微侈，短颈，广斜肩，上腹圆鼓，下腹斜收，平底微内凹，肩两侧对称设置两个
铺兽形耳。胎色灰白。器表施青黄色釉，釉面有较好的玻光感。肩部饰戳印"C"形纹，
腹部饰直条纹。[撰文／蒋明明]

**钵**

战国

高 5.8、口径 13、底径 6.7 厘米

1973 年绍兴市鲁迅电影院挖防空洞出土，现藏于绍兴市文物管理局

弧敛口，弧肩，弧收腹，平底。胎色灰白。器表内外壁施黄褐色釉，内外底无釉。外壁上腹部在两组弦纹之间饰水波纹。[撰文／蒋明明]

矛

战国

长 23.5 厘米

2002 年绍兴县富盛镇下旺村骆驼山出土，现藏于越国文化博物馆（绍兴县博物馆）

前锋尖锐，中起脊，下段之叶稍扩张，长骹中空，口呈圆弧形，骹面设一穿纽。胎色灰黄，胎骨坚致。器表通体施釉，釉层稀薄，釉色青黄。［撰文／周燕儿］

### 双耳罐

战国

高 18.9、口径 14、底径 13.4 厘米

1995 年萧山长河镇塘子堰墓葬出土，现藏于萧山区博物馆

矮直口，圆肩，上腹圆鼓，下腹斜剧收，平底，底径小于口径，两侧肩部设对称半环形耳，耳内衔圆环。器表通体施釉，釉层较厚，有凝釉斑，釉色青黄，釉面玻光感较强。肩与上腹部分别饰直条纹。[撰文／陈元甫]

## 瓿形鼎

战国

通高 20、口径 20 厘米

1995 年上虞市嵩坝镇董村牛山 M17 出土，现藏于上虞市博物馆

- - - - - - - - - - - - - - - - - - - - - - - - - - - - - - - - - - - - - - - -

浅盘口，束腰，扁圆腹，圜底，长蹄形三足外撇，口径大于腹径。口内侧对称竖立泥
条半环形耳一对。内外通体施釉，釉层较薄，口沿内侧黄绿色釉比较明显，外壁未见
明显玻化的釉层。[撰文／楼海燕]

**盖鼎**

战国

通高 23.2、口径 18 厘米

1995 年上虞市蒿坝镇董村牛山 M17 出土，现藏于上虞市博物馆

子母口微敛，直腹较深，底近平，长蹄形三足稍外撇，长方形对称附耳。上有拱形盖，盖顶设桥形纽，周缘等距设置三个双孔鼻纽。仅盖面可见黄绿色釉，其他部位釉均未明亮玻化。盖面在三周凸弦纹间饰整齐密集的"S"形纹。［撰文／楼海燕］

**盖鼎**

战国

通高 13、口径 11 厘米

1995 年上虞市蒿坝镇董村牛山 M17 出土，现藏于上虞市博物馆

子母口，弧腹较深，圜底，兽蹄形三足微外撇，口下两侧对称设置长方形附耳。有拱形盖，盖顶中央置一半环形小纽，周缘等距设置三只双孔鼻纽。内外施满釉，釉未完全明亮玻化。盖面及腹部满饰由凸弦纹间隔的云雷纹，云雷纹排列整齐。[撰文／陈晓敏]

## 盆形鼎

战国

通高 12、口径 15.2 厘米

1995 年上虞市菁坝镇董村牛山 M17 出土，现藏于上虞市博物馆

------------------------------------------------------

直口，口沿向外折平，直腹较深，圜底近平，底置三兽蹄形足，足高而外撇，口沿上
对称设两只半环形立耳。体形较小。内外通体施釉，口沿及器内壁釉层明显呈青黄色，
外壁未见明亮釉面，釉层剥落严重。[撰文／楼海燕]

## 盆形鼎

战国

通高 19、口径 19.6 厘米

1995 年上虞市蒿坝镇董村牛山 M17 出土，现藏于上虞市博物馆

直口，口沿向外折平，直腹较深，圜底近平，底置三兽蹄形足，足高而外撇，口沿上
对称设两只半环形立耳。体形较大。内外通体施釉，口沿及器内壁釉层明显呈青黄色，
外壁未见明亮釉面，釉层剥落严重。[撰文／楼海燕]

## 三足鉴

战国

通高 10、口径 22 厘米

1995 年上虞市蒿坝镇董村牛山 M17 出土，现藏于上虞市博物馆

--------------------------------

直口、宽沿向外折平，口下微束，深腹稍鼓，圜底，底置兽蹄形三矮足，肩部对称设置兽面形双耳。内外通体施釉，釉层较薄，釉面均未见明亮玻化。颈和腹部饰由粗凸弦纹间隔的卷云纹。[撰文／楼海燕]

## 三足罐

战国

通高 17、口径 12.6、底径 16.5 厘米

1984 年上虞市严村凤凰山战国墓出土，现藏于上虞市博物馆

敛口，平沿，溜肩，鼓腹，圜底，底置三乳丁状矮足，肩部两侧设对称环形双耳。施青黄色釉，有凝釉现象。口沿下饰二道弦纹，腹部在两组弦纹之间饰水波纹。〔撰文／楼海燕〕

**球腹罐**

战国

高 12.9、口径 9.4、底径 11.2 厘米

1984 年上虞市严村凤凰山战国墓出土，现藏于上虞市博物馆

矮直口，平沿，溜肩，球形圆腹，平底，肩部设对称的铺首形双耳。通体施青黄釉，
釉层较薄，玻光感较好，有凝釉现象。[撰文／陈晓敏]

罂

战国

高 23.2、口径 14、底径 14 厘米

1984 年上虞市严村凤凰山战国墓出土，现藏于上虞市博物馆

短直口，溜肩，上腹圆鼓，下腹内收较甚，平底微内凹，肩部对称设兽面双耳，双耳高耸，略高出器口。器表施偏黄色釉，胎釉结合紧密，釉面匀净明亮，有较好的玻光感。[撰文／楼海燕]

钵

战国

高 9、口径 17.7、底径 7 厘米

1984 年上虞市严村凤凰山战国墓出土，现藏于上虞市博物馆

弧敛口，尖唇，腹壁斜直内收，平底。内外施釉，釉色青黄，有凝釉现象。肩部贴"S"
形纹，腹部在上下弦纹间饰水波纹。[撰文／陈晓敏]

## 三足罐

战国

通高 13.6、口径 7.9、底径 11.8 厘米

1992 年上虞市周家山战国墓出土，现藏于上虞市博物馆

- - - - - - - - - - - - - - - - - - - - - - - - - - - - - - - - - - - - - - -

侈口，溜肩，圆鼓腹微下垂，最大腹径在中腹以下，平底，底部置三矮足，肩部设对称
小环耳。器表通体施釉，釉色青绿，有斑点状凝釉现象，釉面玻光感较好。[撰文／陈晓敏]

### 提梁盉

战国

通高 20、口径 6.2 厘米

1976 年上虞市道墟镇汇头陈村出土，现藏于上虞市博物馆

小直口，平沿，扁圆腹，平底微凹，兽蹄形三足外撇，肩部置夔龙形提梁，前置夔龙首流，后设夔龙尾，提梁上几段脊棱仿佛龙的背鳍。浅灰色胎。青黄釉，釉层薄，多未见明亮釉面，局部已剥落。肩和上腹部在三道凸弦纹饰之间满饰细密的云雷纹。[撰文／陈晓敏]

## 贯耳罐

战国

高 13.2、口径 7.4、底径 12.9 厘米

1991 年上虞市出土，现藏于上虞市博物馆

短直口，平沿，折颈，折肩，直桶形深腹，平底，肩腹结合处设对称双贯耳。外施青
黄色薄釉，局部已剥落。上腹部刻划细密弦纹。[撰文／陈晓敏]

## 双耳罐

战国

高 17、口径 13、底径 9.9 厘米

1991 年上虞市出土，现藏于上虞市博物馆

--------------------------------------------------

短直口，圆肩，上腹圆鼓，下腹斜收，平底，肩部设对称铺首衔环。器表通体施釉，肩和上腹部釉层匀净明亮，釉色青黄，有小块状凝釉现象。［撰文／陈晓敏］

**双耳罐**

战国

高 13.1、口径 9.5、底径 9.1 厘米

2006 年上虞市出土，现藏于上虞市博物馆

短直口，平沿，宽折肩，腹部自肩部开始缓收，平底。肩部对称设环形双耳。通体施青黄色釉，胎釉结合不紧密，有凝釉现象。腹部饰一周直条纹。[撰文／楼海燕]

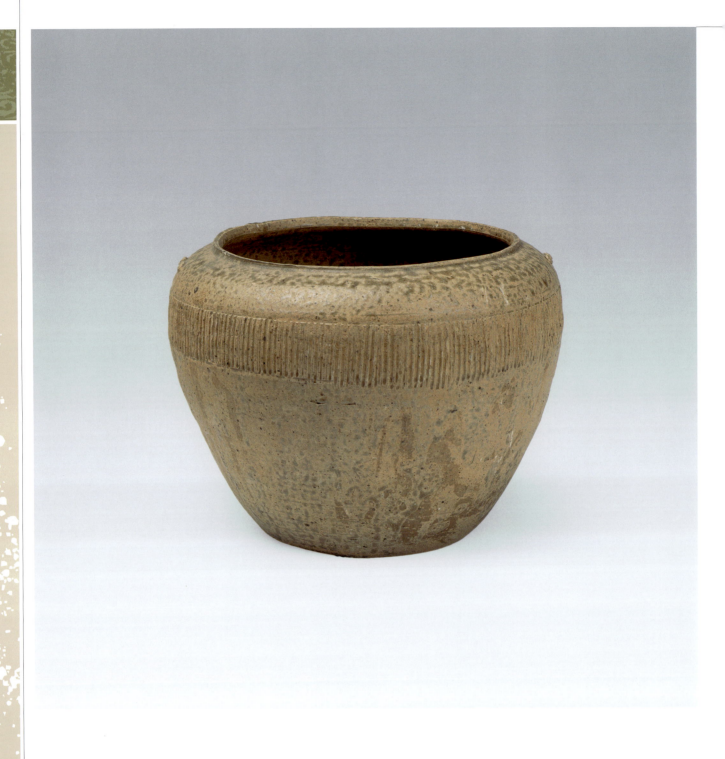

### 大口罐

战国
高 15.5、口径 15.9、底径 11.1 厘米
2006 年上虞市出土，现藏于上虞市博物馆

-------------------------------------------------------

大口，侈沿，尖唇，圆肩，腹自肩部开始缓收，最大径在近肩部，小平底，底径远小于口径，肩部对称贴"S"形纽。内外通体施釉，釉色青黄，胎釉结合不紧密，有凝釉现象。腹部饰一周直条纹。[撰文／陈晓敏]

## 盖鼎

战国
通高 19.4、口径 18.4、底径 11.5 厘米
1993 年余姚市马渚镇出土，现藏于余姚市博物馆

子口，弧腹较浅，圜底近平，底部设三足，足高而尖外撇，口沿两侧对称设置长方形
附耳，口上有拱形盖，盖纽半环形，周缘等距设置三个单孔鼻纽。胎色灰黄。施釉甚薄，
仅盖面上釉层明亮，釉色青黄。盖面上在刻斜线弦纹之间满饰云雷纹。〔撰文／谢向杰〕

匜

战国

高 8.6、口径 13.3、底径 6.7 厘米

1993 年余姚市马渚镇出土，现藏于余姚市博物馆

直口微敛，深腹缓收，平底。口沿一侧设宽槽形流，另一侧贴 "S" 形纽。灰白色胎。
内外通体施薄釉，釉色偏黄，局部釉已脱落。内壁有粗疏螺旋纹。[撰文／谢向杰]

# 铎

战国

高 10、于径 8.8 厘米

宁波市出土，现藏于宁波博物馆

------------------------------------------------

平舞，弧于，器身短宽呈合瓦形，铣部尖锐，体形较小。舞部置方銎以纳木柄，銎中空与体腔内相通，銎中心有一可插销钉的小横孔用以固定木柄。器表通体施薄釉，釉色泛黄。銎部饰二周凸棱纹和圆圈纹，器身满饰云雷纹。[撰文／章玲]

## 镇

战国

通高 7.7、底口径 5 厘米

1982 年慈溪市彭桥公社埋马大队出土，现藏于慈溪市博物馆

馒首形，实心，平底，顶部置半环形纽。黄白色胎。器表通体施釉，釉层稀薄，未见明亮釉面。此种实心原始瓷镇十分罕见。[ 撰文／洪甜 ]

### 瓿形鼎

战国

通高 13.6、口径 17.5 厘米

德清县新市丘庄战国墓出土，现藏于德清县博物馆

鼎口近盘形，束腰，腹略扁鼓，底近平，三瘦高足，足尖外撇，口径大于腹径。胎质灰白。
内外均施釉，釉色青黄，玻璃质感强，胎釉结合好，局部有流釉现象。口沿内侧对称
设置半环形立耳。[撰文／郑建明]

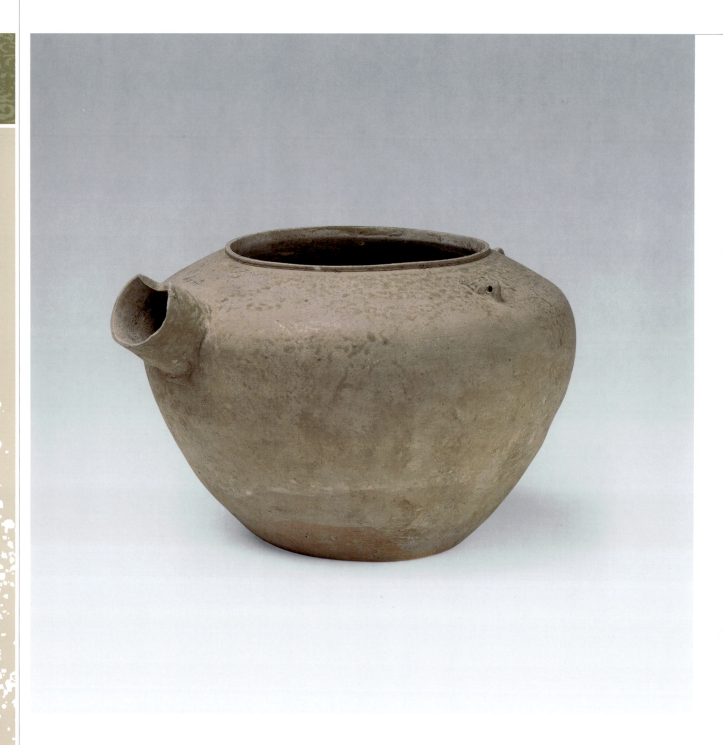

## 带流罐

战国
高 16.6、口径 15.3、底径 12.2 厘米
德清县新市丘庄战国墓出土，现藏于德清县博物馆

方唇，直口，短颈，宽肩，上腹部圆鼓，下腹部斜收，小平底，肩部一侧置一扁圆形
粗短流斜上翘，流口上侧切成长方形缺口。肩部另三侧各贴一铺首，铺首刻划较细致。
灰黄色胎。通体施满釉，釉呈青黄色，脱釉和凝釉现象比较严重，釉面不佳。〔撰文／
郑建明〕

## 提梁盉

战国

通高 24.5、口径 8.5 厘米

2009 年德清县梁山战国墓出土，现藏于德清县博物馆

直口，方唇，短颈，圆鼓腹，圜底近平，三兽蹄形足略高而外撇。肩部设有半环状龙形提梁，上有锯齿状扉棱，提梁一侧设圆粗的龙首状流，另一侧以一条纵向扉棱作龙尾。带盖，盖面平，周缘折直，顶立一大尾鸟作组。整个器物造型饱满。灰白色胎。青黄色釉较佳，玻璃质感强，有凝釉现象。有三道凸棱将整个器物等分成上中下三部分。[撰文／郑建明]

**斧**

战国

长 8.5、宽 3.5、厚 2.1 厘米

2009 年德清县梁山战国墓出土，现藏于德清县博物馆

方銎，两侧边向外弧斜，平面近"凤"字形，平刃，侧锋单面刃。整个器物线条挺拔，造型规整，开刃线清晰，刃锋利。灰白色胎，青黄色釉极薄。近銎端生烧明显。[撰文／郑建明]

**锸**

战国

长 9.9、宽 6.6、厚 2.8 厘米

2009 年德清县梁山战国墓出土，现藏于德清县博物馆

方銎，两侧边略向外弧斜，平面近"凤"字形，平刃，正锋双面刃。整个器物线条挺拔，造型规整，刃部锋利。灰白色胎。青黄色釉极薄。近銎端一面有一倒三角形镂孔，另面中部有长方形凹缺。近銎端生烧明显。[撰文／郑建明]

## 锛

战国

长 11.5、宽 4.8、厚 4.4 厘米

2009 年德清县梁山战国墓出土，现藏于德清县博物馆

方銎，侧边平直，平面呈长方形，平刃，正锋双面刃。整个器物线条挺拔、造型规整、刃锋利。灰白色胎，青黄色釉极薄。近銎端有凸棱两道，且生烧明显。[撰文／郑建明]

## 甬钟

战国

通高 42 厘米、舞修 15.2、舞广 14、铣间 18.6、鼓间 14.8 厘米

2003 年长兴县鼻子山 M1 出土，现藏于长兴县博物馆

----------------------------------------------------------------

平舞，弧于，舞上有圆管形长甬，甬下部有旋，旋之一侧有环形干。钟身呈合瓦形，两侧斜直，铣部尖锐。每面钲部左右两侧共有 9 个枚，各组枚之间有篆带。灰白色胎。外施偏黄色釉，釉面颇具玻光感。甬上部饰交叉斜线纹和双线三角纹，三角纹内戳印 "C" 形纹。舞部以弧线四分，弧线内饰戳印的 "C" 形纹。钲、各组枚、篆、鼓之间均以两条凹弦纹作为界格栏线，栏线内饰细密斜线，篆部戳印 "C" 形纹。鼓部刻划近 "凸" 字形框，内饰戳印 "C" 形纹。甬部和舞部釉未烧出，装烧时系甬部插在圆筒形支具的孔内、于口朝上装烧。[撰文／陈元甫]

## 甬钟

战国

通高 38、舞修 12.4、舞广 10.8、铣间 17.2、鼓间 14 厘米

2003 年长兴县鼻子山 M1 出土，现藏于长兴县博物馆

平舞，弧于，舞上有圆管形长甬，甬下部有旋，旋之一侧有环形干。钟身呈合瓦形，两侧斜直，铣部尖锐。每面钲部左右两侧共有 9 个枚，各组枚之间有篆带。灰白色胎。器表满施偏黄色釉，釉面光亮润泽。甬上饰交叉斜线纹和三角纹，三角纹内戳印"C"形纹。舞部以弧线四分，弧线内饰戳印的"C"形纹。钲、枚、篆、鼓之间用细密的小乳丁纹作为界格栏线，篆部戳印"C"形纹。鼓部刻划近"品"字形框，内填戳印"C"形纹。甬部和舞部釉未烧出，装烧时系甬部插在圆筒形支具的孔内、于口朝上装烧。〔撰文／陈元甫〕

## 镈

战国

通高 19.6、舞修 12、舞广 12、铣间 16.4、鼓间 13.8 厘米

2003 年长兴县鼻子山 M1 出土，现藏于长兴县博物馆

平舞，平于，镈身呈合瓦形，上窄下宽，舞上有方桥形纽，纽旁有一个小圆孔，每面钲部两旁的篆间，各设 3 排 9 个乳丁状枚，钲、枚、篆、鼓之间均以两条凹弦纹作为界格栏线，栏线内填短斜线纹。灰白色胎。内外施釉，釉呈青绿色，有凝釉斑。舞部以弧线四分，弧线内饰戳印"C"形纹。每面篆部饰戳印"C"形纹，鼓部在一个大型长方形之下部两侧各再斜向伸出一个小长方形，三个长方形内均填饰戳印的"C"形纹。纽和舞部釉未烧出，有明显的叠烧痕迹，装烧时系舞部搁在顶面有孔的圆筒形支具上，于口朝上装烧。

[撰文／陈元甫]

## 镈

战国

通高 21、舞修 11.5、舞广 11.4、铣间 17.6、鼓间 14.2 厘米

2003 年长兴县鼻子山 M1 出土，现藏于长兴县博物馆

---

平舞，平于，镈身呈合瓦形，上窄下宽，舞上有方桥形纽，每面钲部两旁的篆间，各设 3 排 9 个乳丁状枚，钲、枚、篆、鼓之间均以两条凹弦纹作为界格栏线，栏线内填短斜线纹。灰黄色胎。釉面大多未完全烧成玻化。舞部以弧线四分，弧线内饰戳印"C"形纹，每面篆部和钲部饰戳印"C"形纹，鼓部在一个长方形框内，也填戳印"C"形纹。舞部釉未烧出，装烧时系舞部搁置在顶面有孔的圆筒形支具上，于口朝上装烧。[撰文／陈元甫]

## 句鑃

战国

通高 33、舞修 11.6、舞广 11.5、铣间 17.1、鼓间 13 厘米

2003 年长兴县鼻子山 M1 出土，现藏于长兴县博物馆

平舞，弧于，器身呈合瓦形，两侧尖锐，舞部有方锥形插柄，插柄与舞部连接处有台。灰白色胎。内外通体施釉，釉层较厚，釉呈青黄色，有流釉和凝釉现象。舞部以弧线四分，内饰戳印"C"形纹，器身近舞处饰戳印"C"形纹与刻划的双线三角纹。舞部有明显的支烧痕迹，柄尖部略生烧。装烧时系舞部搁置在顶面有孔的圆筒形支具上，于口朝上装烧。〔撰文／陈元甫〕

### 句鑃

战国

通高 29.4、舞修 11、舞广 10.8、铣间 16.2、鼓间 12.8 厘米

2003 年长兴县鼻子山 M1 出土，现藏于长兴县博物馆

平舞，弧于，器身呈合瓦形，两侧尖锐，舞下有方锥形插柄，插柄与舞部结合处有台。灰黄色胎。内外施黄绿色釉，大部分地方釉未完全烧成玻化。舞部以弧线四分，内饰戳印"C"形纹。器身近舞处饰四周上下反向排列的戳印"C"形纹和刻划双线三角纹，三角纹内填饰戳印"C"形纹。[撰文／陈元甫]

## 錞于

战国

通高 44、盘径 19.6、于径 22.8 厘米

2003 年长兴县鼻子山 M1 出土，现藏于长兴县博物馆

---

顶呈浅盘式，半环形纽，纽旁有一小圆孔，鼓肩，直筒形深腹往下渐向外敞，略成喇叭形，平于。灰白色胎。内外通体施满釉，釉色偏黄，釉面匀净润泽，玻光感强。纽上和顶部饰有"S"形纹和"C"形纹，鼓部在两条凹弦纹之间饰"S"形纹和"C"形纹，每面近于部的正中，刻划 3 个大小不一、大体呈"品"字状分布的长方形，每个长方形内填饰"S"形纹。此件纹饰均系刻划而成，纹饰排列整齐，做工精细，一丝不苟。[撰文／陈元甫]

磬

战国

鼓修 15.8、鼓博 5.3、股修 12.8、股博 5.6、孔径 0.9、厚 1.1 厘米

2003 年长兴县鼻子山 M1 出土，现藏于长兴县博物馆

整体呈曲尺形，鼓与股之间的内外角基本构成 90 度直角，分界清楚，两者之间有一个
可用于系挂的小圆孔，鼓略长于股，宽度基本相等。灰紫色胎。一面有青黄色釉，釉
呈斑点状。[撰文／陈元甫]

### 镇

战国

通高 6.4、底口径 6.4 厘米

2003 年长兴县鼻子山 M1 出土，现藏于长兴县博物馆

整体呈馒首形，弧顶，圆腹，底口敛平，底部开敞，腹空，底口径与器高相一致，顶上有半环形纽，内套圆形小环。灰白色胎，壁较厚。腹最大径以上施釉，釉均未完全烧成玻化，只见局部的细汗状釉点。顶部和下腹部饰上下反向排列的戳印"C"形纹。

[撰文／陈元甫]

**璧**

战国

直径 7.4、孔径 3.5 厘米

2004 年安吉县递铺镇古城村龙山 D141M1 出土，现藏于安吉县博物馆

- - - - - - - - - - - - - - - - - - - - - - - - - - - - - - - - - - - - - - - - - - - - - - - - -

器体扁薄圆形，外缘规整。灰黄色胎。一面有釉，釉呈黄绿色，釉面不佳。内外缘旁
分别饰有戳印的圆圈纹。[撰文／陈元甫]

## 圈足烤炉

战国

高 9.2、口径 16.8、足径 24.5 厘米

2000 年安吉县高禹吟诗出土，现藏于安吉县博物馆

--------------------------------------------------

敛口，复沿，浅腹，平底，外壁等距设置三个铺首衔假环，底下置镂空大圈足。青灰色胎。施釉极薄，釉呈细点状。沿面和外壁饰反向排列的戳印"C"形纹。 [撰文／程亦胜]

**镂孔长颈瓶**

战国
高 42、口径 9、底径 12.5 厘米
1999 年杭州市半山 D20T2M5 出土，现藏于杭州市文物考古所

------------------------------------------------------------------------

敞口，长颈，溜肩，扁鼓腹，平底。青黄色釉保存不佳，脱落严重，施釉不及底。颈近口沿处饰弦纹和水波纹组成的装饰带。肩部及上腹部饰三角形装饰三圈，上层细线刻划，中层刻划后挖出一层，下层镂空，三角形纹上下间以弦纹与篦点纹纹饰带。肩部有对称铺首，脱落。[撰文／郑建明]

## 甬钟

战国

通高 39.2、于宽 21.5 厘米

1990 年杭州市半山石塘工农砖瓦厂出土，现藏于杭州历史博物馆

平舞，弧于，合瓦形钟身。舞上有上细下粗的圆管形长甬，甬下部有箍形旋，干残。钟身两侧斜直外撇，上窄下宽。每面钲部的左右两侧有短圆柱状枚，每侧 3 组，每组 3 个，作横向排列。胎体厚重，胎色灰黄。仅外壁施釉，釉层极薄，釉色偏黄，多未见明亮釉层。甬部饰复线三角形纹和网格纹，舞部以弧线四分，弧线内饰戳印"C"形纹。各组枚之间的篆带内饰戳印"C"形纹，钲、枚、篆、鼓之间均以两条凹弦纹作为界格栏线，栏线内填斜线纹。鼓部刻划长方形，内填戳印"C"形纹。舞部有明显的支烧痕迹。[撰文／沈芯屿]

## 甬钟

战国

通高 41.4、于宽 22.8 厘米

1990 年杭州市半山石塘工农砖瓦厂出土，现藏于杭州历史博物馆

平舞，弧于，合瓦形钟身。舞上有上细下粗的圆管形长甬，甬下部有箍形旋，圆弧形干一端直立于旋上，另一端立于甬与舞交接处。钟身两侧斜直外撇，上窄下宽。每面钲部的左右两侧有短圆柱状枚，每侧 3 组，每组 3 个，作横向排列。胎体厚重，胎色灰黄。仅外壁施釉，釉层极薄，釉色偏黄。甬部饰复线三角形纹和网格纹。干部有凸脊，上刻划羽状纹。舞部以弧线四分，弧线内饰戳印"C"形纹。各组枚之间篆带内饰戳印"C"形纹。钲、枚、篆、鼓之间均以两条凹弦纹作为界格栏线，栏线内填斜线纹。鼓部刻划长方形，内填戳印"C"形纹。舞部有明显的支烧痕迹。[ 撰文／沈芯屿 ]

**振铎**

战国

通高 19、于宽 16.8 厘米

1990 年杭州市半山石塘工农砖瓦厂出土，现藏于杭州历史博物馆

----------------------------------------------------

平舞，平于，合瓦形器身。舞上有桥形纽，纽侧有一小圆孔也与腔体通。器身两侧斜直，
呈上窄下宽的梯形。胎体厚重，呈灰黄色。仅外壁施釉，釉层极薄，釉色偏黄。器身
四周刻有边框，内饰戳印"C"形纹，鼓部刻划方框，内饰戳印"C"形纹。舞部有明
显的支烧痕迹。[撰文／沈芯屿]

**振铎**

战国

通高 19、于宽 15.3 厘米

1990 年杭州市半山石塘工农砖瓦厂出土，现藏于杭州历史博物馆

------------------------------------------------------------

平舞，平于，合瓦形器身。舞上有桥形纽，纽侧有一小圆孔也与腔体通，器身两侧较直，略呈上窄下宽的梯形。胎体厚重，胎色灰黄。器表施釉，釉层极薄，釉色偏黄，未见明亮釉面。桥形纽背上饰叶脉纹，舞部以弧线四分，内饰戳印 "C" 形纹。鼓部刻划方框，内饰戳印 "C" 形纹。［撰文／沈芯屿］

## 句鑃

战国

通高 27.8、于宽 14 厘米

1990 年杭州市半山石塘工农砖瓦厂出土，现藏于杭州历史博物馆

平舞，弧于，合瓦形器身，舞下有下细上粗的方锥形实心柄，器身两侧略斜直外敞，
上宽下窄。胎体厚重，胎色灰黄。仅外侧施釉，釉层极薄，釉色偏黄，未见明亮釉面。
舞部以弧线四分，弧线内饰戳印"C"形纹。钲部近舞处饰刻划的复线三角形纹和戳
印的"C"形纹。[撰文／沈芯屿]

镇

战国

通高 7.4、底口径 8 厘米

1990 年杭州市半山石塘工农砖瓦厂出土，现藏于杭州历史博物馆

扁馒首形，弧顶，上部扁鼓，下腹内敛，底口开敞，腹空，顶部置半圆形纽，纽内衔环。
胎呈灰黄色。器表施釉极薄，釉面呈细点状，釉色偏黄。通体满饰弦纹和戳印"C"形纹。

[撰文／沈芯屿]

## 兽面鼎

战国

通高 15、口径 13.8 厘米

杭州市余杭区崇贤水洪庙出土，现藏于杭州市余杭博物馆

---

直口，平沿外折，直腹较深，平底下附三只兽蹄形足，一侧口沿上高耸宽阔的兽首，额上饰冠状纹样，眼珠突出，双耳上竖，面目狰狞，与之相对的另一侧口沿下堆贴兽形小尾。另两侧口下设长方形附耳一对，耳上端外折。内外通体施釉，釉层较匀，釉色青中略泛黄，润泽明亮，玻璃质感强。腹部和兽面部位以两条凹弦纹之间刻划斜线纹为分隔，上下均饰云雷纹。[撰文／郑建明]

## 甗

战国

通高 17.4、甑口径 12.4、鼎口径 15.4、高 14 厘米

1984 年杭州市余杭区崇贤老鸦桥出土，现藏于杭州市余杭博物馆

上甑下鼎。甑方唇、深直腹，圜底近平，中部有一大的圆孔。鼎口近盘形，束腰，腹
略鼓，圜底近平，三瘦高足，足尖外撇，口径大于腹径，口沿内侧设置对称半环形立耳。
胎质灰白。甑和鼎除下腹部及底无釉外，其余部位均有釉，釉色青黄，玻璃质感强，
胎釉结合好，局部有流釉现象。[撰文／郑建明]

## 甬钟

战国

通高 27、舞修 11.6、舞广 10.8、铣间
13.8、鼓间 11.6 厘米

1984 年杭州市余杭区崇贤老鸦桥出土，
现藏于杭州市余杭博物馆

------

平舞，弧于，合瓦形钟身。舞上有上细
下粗的圆管形长甬，甬下部有箍形旋，
方形干。钟身较短，两侧斜直略外撇，
上窄下宽。每面钲部的左右两侧有短圆
柱状枚，每侧 3 组，每组 3 个，作横向
排列。各组枚之间有篆带。灰白色胎。
内外施釉，釉层极薄，剥落严重。甬、
干素面，旋上有三个小乳突。舞部饰戳
印卷云纹。钲、枚、篆、鼓之间均以条
带状乳突纹作为界格栏线。鼓部刻划长
方形，内素面。[ 撰文 / 郑建明 ]

## 甬钟

战国

通高 29.2、舞修 12、舞广 10.8、铣间 16、鼓间 12.4 厘米

1984 年杭州市余杭区崇贤老鸦桥出土，现藏于杭州市余杭博物馆

------

平舞，弧于，合瓦形钟身。舞上有上细下粗的圆管形长甬，甬下部有箍形旋，方形干。钟身较短，两侧略斜直外撇，上窄下宽。每
面钲部的左右两侧有短圆柱状枚，每侧 3 组，每组 3 个，作横向排列。各组枚之间有篆带。灰白色胎。内外施釉极薄，剥落严重。
甬部通体饰 "C" 形纹，旋上有三个小乳突。舞部素面。钲、枚、篆、鼓之间均以条带状乳突纹作为界格栏线。鼓部刻划长方形，
内饰以云雷纹。[ 撰文 / 郑建明 ]

## 甬钟

战国

通高 27、舞修 11.6、舞广 10.8、铣间 13.6、鼓间 11.8 厘米

1984 年杭州市余杭区崇贤老鸦桥出土，现藏于杭州市余杭博物馆

平舞，弧干，合瓦形钟身。舞上有上细下粗的长甬，甬断面呈八棱形，甬下部有箍形旋，方形干。钟身较短，两侧略斜直外撇，上窄下宽。每面钲部的左右两侧有短圆柱状枚，每侧 3 组，每组 3 个，作横向排列，左右枚之间饰以云雷纹。各组枚之间有篆带。胎近橘红色。仅外侧施釉，釉剥落严重。甬、舞部饰云雷纹，旋上有三个小乳突。钲、枚、篆、鼓之间均以条带状乳突纹作为界格栏线。鼓部刻划长方形，内饰云雷纹。 [撰文／郑建明]

钵

战国

高 15、口径 17、底径 5 厘米

1984 年杭州市余杭区崇贤老鸦桥出土，现藏于杭州市余杭博物馆

--------------------------------------------------------------------

弧敛口，弧腹剧收，腹较浅，平底。内壁、内底及口沿青黄色釉层明亮，外壁及底釉层极薄，

无明亮釉层。内底有螺旋纹。［撰文／康晓燕］

## 三足鉴

战国

通高15、口径27.6厘米

2000年杭州市余杭区大陆顾家埠出土，现藏于杭州市余杭博物馆

直口，口下略内束，腹部斜收，平底下三个小兽蹄形足，腹较深，体形较大。两侧肩颈部对称设兽面形耳一对，耳高基本与口沿平齐。内外通体施满釉，釉层厚薄均匀，胎釉结合紧密，釉色泛黄，玻光感较强。颈、肩和上腹部各饰一道刻划斜线的凸弦纹，弦纹之间满饰云雷纹。[撰文／陈元甫]

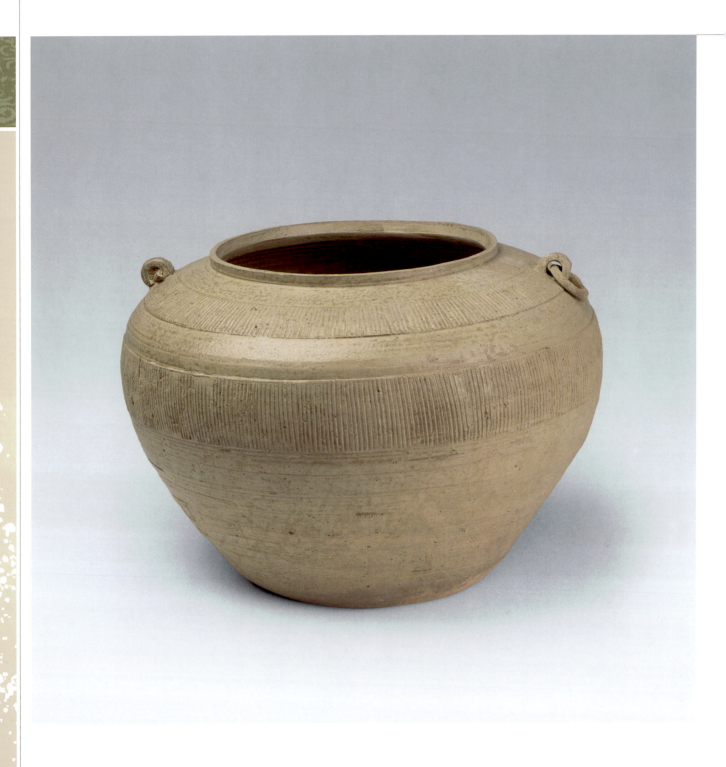

**双耳罐**

战国

高 21.7、口径 19、底径 16 厘米

2000 年杭州市余杭区大陆顾家埠出土，现藏于杭州市余杭博物馆

-------------------------------------------------------------

直口，方唇，短颈、圆肩，上腹圆鼓，下腹斜收，平底，肩部对称置半环形耳，耳内衔环。
胎色灰黄。器表通体施釉，釉层较薄，釉色青黄。肩腹部各饰一周直条纹。[撰文／吴彬森]

## 镇

战国

通高 9.2、底径 9.2 厘米

2000 年杭州市余杭区大陆顾家埠出土，现藏于杭州市余杭博物馆

弧顶，圆腹，底部内敛，底口开敞，腹空，整体呈馒首形。顶部置半环形纽。灰白色胎。器表通体施釉，釉层较薄而均匀，釉色青中泛黄，胎釉结合好，有较强玻光感。通体满饰云雷纹。[撰文／康晓燕]

## 镇

战国

通高10、底径9.2 厘米

2000 年杭州市余杭区大陆顾家埠出土，现藏于杭州市余杭博物馆

弧顶，圆腹，底部内敛，底口开敞，腹空，整体呈馒首形。顶部置半环形纽，纽内衔环。灰白色胎。器表通体施釉，釉层较薄而均匀，釉色偏黄。通体满饰云雷纹。[撰文／康晓燕]

## 句鑃

战国

通高 40.2、铣间 17.8、鼓间 12.4、舞修 14.2、舞广 10.6 厘米

2000 年杭州市余杭区大陆顾家埠出土，现藏于杭州市余杭博物馆

--------------------------------------

平舞，弧于，合瓦形器身。舞下有上粗下细的方锥形实心柄。器身两侧略斜直外敞，上宽下窄。灰白色胎。外侧有釉，黄釉不佳，剥落严重。长插柄与舞交接处有方台，方台上饰云雷纹。钲下部饰云雷纹及单线三角形纹，三角形纹内填云雷纹。[ 撰文／郑建明 ]

## 句鑃

战国

通高 40.2、铣间 17.8、鼓间 12.4、舞修 14.2、舞广 10.6 厘米

2000 年杭州市余杭区大陆顾家埠出土，现藏于杭州市余杭博物馆

--------------------------------------

平舞，弧于，合瓦形器身。舞下有上粗下细的方锥形实心柄。器身两侧略斜直外敞，上宽下窄。灰白色胎质。外侧有釉，黄釉不佳，剥落严重。长插柄与舞交接处有方台，方台上饰云雷纹。钲下部饰云雷纹及单线三角形纹，三角形纹内填云雷纹。[ 撰文／郑建明 ]

## 句鑃

战国

通高 40、铣间 18.4、鼓间 12.2、舞修 14.4、舞广 11.2 厘米

2000 年杭州市余杭区大陆顾家埠出土，现藏于杭州市余杭博物馆

--------------------------------------

平舞，弧于，合瓦形器身。舞下有上粗下细的方锥形实心柄。器身两侧略斜直外敞，上宽下窄。灰白色胎质。外侧有釉，黄釉不佳，剥落严重。长插柄与舞交接处有方台，方台上饰云雷纹。钲下部饰云雷纹及单线三角形纹，三角形纹内填云雷纹。[ 撰文／郑建明 ]

**杯**

战国

高 9.7、口径 9.7、底径 7 厘米

1989 年余杭区长命柏树庙出土，现藏于杭州市余杭博物馆

直口，直腹，近底处内折，平底。灰黄色胎。器表口以下施釉，釉色青黄，有较好玻光感。
器身上部及下部分别在两周凹弦纹之间饰水波纹。[撰文／吴彬森]

## 单把罐

战国

高 15.7、口径 7.5、底径 14.5 厘米

1981 年杭州市余杭区潘板大溪出土，现藏于杭州市余杭博物馆

方唇，直口，隆肩，直腹微垂，平底下三小乳丁形足。一侧有近"S"形宽扁把手。灰
白色胎，质地细腻坚致。通体施釉，釉色青黄，施釉不甚均匀，有少量的凝釉现象。
中下腹部有直条纹一圈，直条纹下近底处为篦点纹。宽扁把手中部为直条纹，下部为
云雷纹。[撰文 / 郑建明]

## 三足虎子

战国

通高 21.6、底径 11.1 厘米

杭州市余杭区出土，现藏于杭州市余杭博物馆

弧形顶，扁鼓腹，平底下置三只矮小兽蹄形足，顶部有一近半环形提梁，肩部一侧有
一粗大的圆管状流向上斜伸，流口上侧切成长方形缺口。灰黄色胎。器表通体施釉，
釉色泛黄，胎釉结合不佳，三足尖及底部生烧明显。[撰文／郑建明]

## 璧

战国

直径 13.3、厚 0.9、孔径 4 厘米

1997 年杭州市余杭区出土，现藏于杭州市余杭博物馆

扁薄圆形。胎色灰黄，厚薄均匀。正面施釉，背面未施釉，有明显的叠烧痕迹。璧面饰四周圆圈纹。〔撰文／康晓燕〕

## 圈状器

战国
高 6.2、顶径 12.9、底径 11.4 厘米
杭州市余杭区出土，现藏于杭州市余杭博物馆

---

直腹圈形，平顶中心有大圆孔，腹往下略收，无底。灰白色胎。施釉极薄，釉色青黄，
局部有剥釉现象。顶部中心有细凹弦纹数圈，内外缘再饰云雷纹。腹中部有两组细凹
弦纹，弦纹上下饰云雷纹。底部生烧呈橘红色。用途不明。[撰文／郑建明]

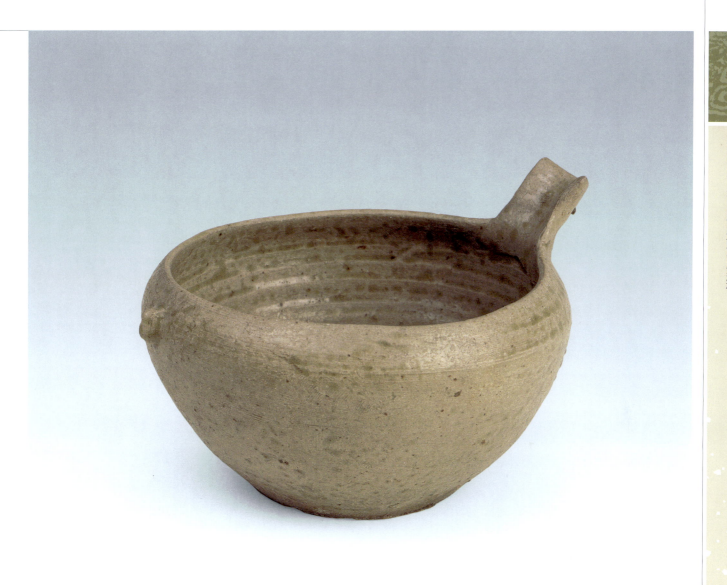

匜

战国

高 7.2、口径 10.9、底径 6.7 厘米

1978 年桐乡市安兴董家桥出土，现藏于桐乡市博物馆

弧敛口，弧腹较深，平底，口沿一侧设斜向上翘的宽槽形流，与流对称的另一侧有一小纽。
内外通体施青黄色釉，釉面有较好的玻光感。〔撰文／周伟民〕

**扁腹壶**

战国

高 8.1、口径 5.6、底径 8.2 厘米

1974 年桐乡市虎啸卢母出土，现藏于桐乡市博物馆

直口，高直颈，广肩，折腹弧收，腹部较扁，平底，肩以下对称设置两耳。灰黄色胎。器表施釉，釉层极薄，釉色青黄，底部无釉。肩部饰弦纹，折腹上下饰鱼鳞状纹。[撰文／周伟民]

**浅腹盒**

战国

高 6.9、口径 9.6、底径 5.4 厘米（左）

高 5.9、口径 9.9、底径 5.3 厘米（右）

1974 年桐乡市虎啸卢母出土，现藏于桐乡市博物馆

子母口，浅弧腹，平底，上有拱形盖，盖纽呈柿蒂形。胎呈灰黄色。施釉甚薄，仅在
盖面上可见偏黄釉层。盖面上有粗疏凹弦纹。[撰文／周伟民]

## 提梁盉

战国

通高 20.4、口径 6.5 厘米

1976 年桐乡市炉头利民出土，现藏于桐乡市博物馆

小直口，短颈，圆肩，鼓腹，圜底，下承三兽蹄形足。肩部设龙形提梁，提梁上有扉棱，内侧有纽孔，可穿系。与提梁对应的上腹部一侧塑出龙首状实心流，另一侧以一条纵向扉棱作龙尾。有盖，盖呈平顶状，周缘折直，中心设半环形纽。灰黄色胎。施釉较薄，釉色青黄。盖面和上腹部均在凹弦纹之间饰云雷纹。[撰文／周伟民]

**香熏**

战国末期

通高 22.4、口径 13、足径 8.4 厘米

1992 年余姚市明伟老虎山 DIM14 出土，现藏于余姚市博物馆

- - - - - - - - - - - - - - - - - - - - - - - - - - - - - - - - - - - - - - - - - - - - - - - - - - - - - - - - - -

熏体呈豆形，子母口，上腹近直，下腹折收，高圈足外撇，足尖折直。上置拱形盖，盖面有圆形和三角形镂孔各一周。盖纽较高，呈两层塔状，中空，各层均有圆形镂孔。上下层塔面分别堆贴三只和四只小鸟，塔尖立一大鸟。胎色青灰。熏体基本无釉露胎，盖面和纽着淡青色薄釉，有玻光感。熏体外壁饰水波纹，盖面在用弦纹间隔的内外两层区域内，满饰 "A" 形鸟足印状纹。[撰文／谢向杰]

**壶**

战国末期

通高 29.5、口径 10.8、足径 13.5 厘米

1992 年余姚市明伟老虎山 D1M14 出土，现藏于浙江省文物考古研究所

敞口，平沿，高弧颈，广溜肩，上腹圆鼓，下腹斜收，高圈足外撇，最大腹径在中腹偏上，肩部对称设置半环形辫状耳一对，耳之上下端用泥条和小泥饼贴饰。灰白色胎。仅盖面和肩部着釉，釉层较薄，釉色青黄，颈和下腹部无釉。肩和上腹部分别饰由双弦纹分隔的斜向篦点纹与水波纹，盖面饰由弦纹分隔的内外两层 "A" 形鸟足印状纹。

[撰文／陈元甫]

## 圈足瓿

战国末期

通高 23.8、口径 14.4、足径 18.4 厘米

1992 年余姚市明伟老虎山 D1M14 出土，现藏于浙江省文物考古研究所

------------------------------------------------

直口，平沿，短折颈，广弧肩，圆鼓腹，矮圈足，器形硕大，最大腹径在中腹偏上，肩部对称设置辫形半环耳一对，耳两端贴"S"形纹。上有拱形盖，盖纽呈蘑菇状。灰白色胎。盖面、口沿、上腹以及内底有釉，下腹无釉。釉层较厚，釉色偏黄，有较好玻光感。肩和上腹部由上往下分别用双凹弦纹分隔饰两组鸟足印状的"A"形纹、一组圆圈纹、一组斜向篦点纹和一组水波纹。器盖上也在用双凹弦纹分隔的内外两个区域内，分饰叶脉状篦点纹和鸟足印状纹。[撰文／陈元甫]

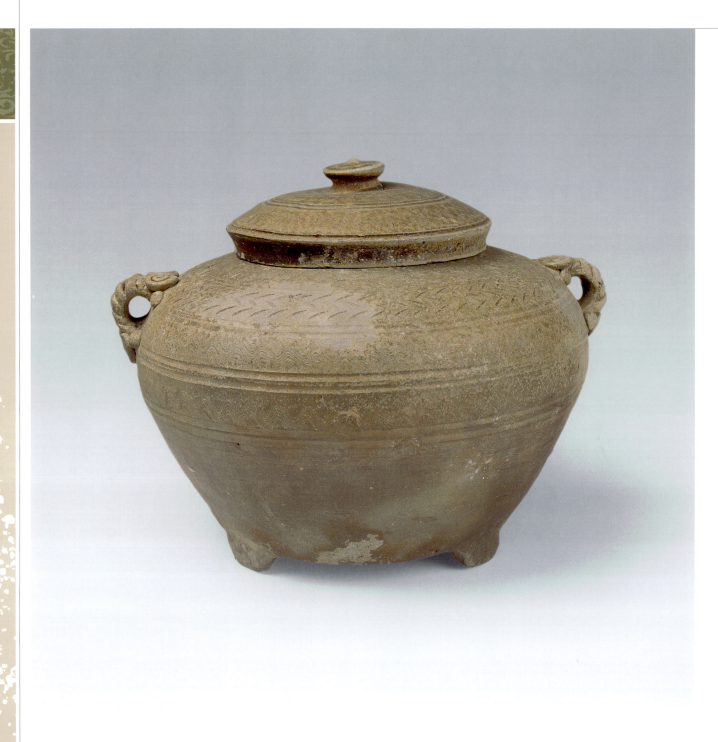

### 三足瓿

战国末期

通高 19.8、口径 10.5 厘米

1992 年余姚市明伟老虎山 D1M14 出土，现藏于余姚市博物馆

器身直口，平沿，短折颈，宽圆肩，上腹圆鼓，下腹斜收，最大腹径接近肩部，平底下设三只矮瓦形足。两侧肩部对称设置辫形半环耳，耳上下端贴 "S" 形纹。口上置拱形盖，盖沿折直，盖纽呈蘑菇状。胎色灰白。盖面、口沿、肩、上腹部以及内底有黄绿色釉，下腹部无釉。肩与上腹部分别饰有用双弦纹间隔的一组叶脉状篦点纹和两组水波纹，盖面上也饰有用弦纹间隔的两组水波纹。[撰文／谢向杰]

## 敛口豆

商代

高 12.5、口径 20、足径 12.5 厘米

2010 年湖州市老鼠山窑址出土，现藏于浙江省文物考古研究所

----------------------------------------------------------------

敛口，弧腹，浅盘，喇叭形高把，体形高大。胎质略显粗疏，胎色浅灰。豆盘内壁与
口沿上可见明亮釉层，但施釉甚薄，局部釉面不明显，釉色偏黄。外壁和豆把上无釉。
内壁轮制痕迹清晰，内底有叠烧痕迹。[撰文／陈元甫]

**敛口罐**

*商代*

高 8.6、口径 11.8、底径 7 厘米

2010 年湖州市老鼠山窑址出土，现藏于浙江省文物考古研究所

敛口近直，宽肩，腹部剧收，圆角平底，腹径远大于器高。浅灰色胎，胎质较为细腻坚硬。
外壁肩部釉层明显，釉层均匀明亮，玻璃质感强，釉色青中泛黄。内壁局部也可见明
显釉层。轮制痕迹清晰，内底有叠烧痕迹，外底略显生烧呈土红色。[撰文／陈元甫]

## 棘刺纹鼎

西周晚至春秋早期

通高 11.6、口径 16.8 厘米

2007 年德清县火烧山窑址出土, 现藏于德清县博物馆

--------------------------------------------------------------------

侈口, 卷沿, 束颈, 扁腹较鼓, 圜底近平, 三圆锥形足, 肩部对称设半环形横耳, 腹部
有对称两条纵向扁扉棱。灰白色胎质较细。内外施满釉, 釉层较厚, 青褐色, 玻光感较强,
有凝釉斑块。中上腹部满饰棘刺纹, 纹饰细密规整。内底有大块的窑渣, 肩及上腹部粘
结有小块窑渣粒, 外底部的白色砂性烧结物较厚, 并覆盖整个底部。[撰文 / 郑建明]

**垂腹卣**

西周晚至春秋早期

高 21.6、口径 10.2、底径 19.2 厘米

2007 年德清县火烧山窑址出土，现藏于德清县博物馆

尖唇外撇，近似于子母口状，溜肩，鼓腹下垂，大平底，最大腹径在中腹偏下，肩部
有对称的半环形横耳一对。灰白色胎，胎质较为细腻致密。施青褐色厚釉，釉色较深，
玻璃质感较强。口沿下有浅凹弦纹一道。除下腹近底处外，满饰方形勾连纹与勾连"S"
形纹。［撰文／郑建明］

## 桶形器

春秋中期

高 36、口径 29.6、底径 25.2 厘米

2007 年德清县火烧山窑址出土，现藏于德清县博物馆

口微敞，折肩，颈腹间折棱外凸，直筒深腹，大平底，近肩部有对称绳索状环耳。灰白色胎，胎质较为细腻致密。内外施满釉，釉色较深，呈青褐，施釉较为均匀，玻璃质感较强。口沿上有凹弦纹三道，折肩上下侧饰细密纵向水波纹，整个腹部满饰对称弧线纹。底部有白色砂性烧结物，腹近底部纹饰在修抹底部时局部被抹平，底、腹当为拼接而成。〔撰文／郑建明〕

### 瓿形鼎

战国

通高 15.4、口径 17 厘米

2007 年德清县亭子桥窑址出土，现藏于德清博物馆

盘口，方唇，束颈，扁圆腹，圜底近平，口腹径基本相等，底下三扁圆足较高，足尖外撇，口沿上设对称半环形泥条立耳。青灰色胎。外壁与足部通体施釉，釉色深青，釉面可见细点状凝釉。〔撰文／陈元甫〕

## 鼓腹尊

战国

高 16.6、口径 14.8、足径 10.4 厘米

2007 年德清县亭子桥窑址出土，现藏于德清博物馆

---

喇叭形大敞口，口沿向外翻平，粗高颈，扁圆腹，高圈足，足尖折直似倒置盘口状。
浅灰色胎。内外通体施满釉，釉层厚薄均匀，釉色青中泛黄，釉面晶莹润泽，玻光感强。
腹部满饰细密的刻划水波纹，整体显得小巧精致。［撰文／陈元甫］

## 三足鉴

战国

通高 16.4、口径 34 厘米

2007 年德清县亭子桥窑址出土，现藏于德清县博物馆

直口，窄沿向外折平，口下略内束，肩部微鼓，腹斜收，腹部较深，平底下三只矮小
兽蹄形足，两侧肩颈部对称设有兽面形高浮雕云雷纹耳，耳高基本与口沿平齐。内外
施满釉，釉层较薄，釉面不佳，无玻光感。肩部、上腹部和下腹部各饰有一道凸弦纹，
底边拍印云雷纹。[撰文／陈元甫]

## 提梁壶

战国

通高 18.4、底径 14 厘米

2007 年德清县亭子桥窑址出土，现藏于德清县博物馆

弧顶，扁圆腹，大平底。顶部有半环形提梁，提梁截面呈八棱形，与提梁对应的两侧均有流，一侧流呈粗管状，口上翘，流的上侧有梯形缺口。另一侧流呈兽首形，流内有小孔也与腹相通。灰白色胎。外表施满釉，釉层较厚，釉色青中泛黄，釉面玻光感极强。底部生烧明显，近底部一侧釉未烧结玻化，并有乳白色窑变现象。[撰文／陈元甫]

**镂孔长颈瓶**

战国

高 46、口径 11.2、底径 20 厘米

2007 年德清县亭子桥窑址出土，现藏于德清县博物馆

----------

细长颈，颈口微敞，口沿下有一圈较厚，外观似盘口状，溜肩，上腹圆鼓，下腹斜收，平底，体形高大。肩与上腹部有两圈上下交叉分布的狭长三角形镂孔。青灰色胎。器表通体施釉，釉层较薄，釉色青中泛黄，玻光感不强。两圈镂孔之间和上下侧，有一或两道粗凸弦纹。[撰文／陈元甫]

## 镂孔长颈瓶

战国

高 46.4、口径 11.2、底径 19.2 厘米

2007 年德清县亭子桥窑址出土，现藏于德清县博物馆

细长颈，颈口微敞，口沿下有一圈较厚，外观似盘口状，溜肩，上腹圆鼓，下腹斜收，平底，体形高大。肩与上腹部有两圈上下交叉分布的狭长三角形镂孔。青灰色胎。器表通体施釉，釉层较薄，釉色青绿，颈和上腹部釉面较佳，玻光感较强。长颈近口沿处一侧饰有一条叶脉纹，颈的下部以及两圈镂孔之间和上下侧，有二或四道粗凸弦纹。〔撰文／陈元甫〕

## 双耳罐

战国
高 24、口径 15.2、底径 18 厘米
2007 年德清县亭子桥窑址出土，现藏于德清县博物馆

直口，短直颈，圆肩，上腹圆鼓丰满，下腹弧收，平底，两侧肩部对称设置铺首衔环一对，环已断脱，器形硕大厚重。灰白色胎。器表通体施满釉，釉色青黄，釉层匀净，釉面玻光感强。肩部、中腹部和下腹部间隔饰有云雷纹纹饰带，纹饰细密规整，排列整齐。

[撰文／陈元甫]

**双耳罐**

战国

高 29.2、口径 21.6、底径 22.4 厘米

2007 年德清县亭子桥窑址出土,现藏于德清县博物馆

--------------------------------------------------

直口,短直颈,圆肩,上腹圆鼓丰满,下腹弧收,平底,两侧肩部对称设置铺首衔环一对,
器形硕大厚重。灰白色胎。器表通体施满釉,釉层较薄,釉色青黄,釉面有较强的玻光感。
肩和上腹部间隔饰有瓦棱纹。[撰文／陈元甫]

镇

战国

通高 5.2、底口径 7 厘米

2007 年德清县亭子桥窑址出土，现藏于德清县博物馆

隆顶，鼓腹，底口内敛，底部开敞，中空，整体呈馒首状。顶部中心原有半环形纽，
内套小圆环，现残。灰白色胎。器表施釉较厚，釉层匀净，釉色青黄，玻光感强。顶
部中心及下腹近底处各有一圈略凸起于器表，上饰云雷纹，腹部素面。[撰文／陈元甫]

## 句鑃

战国

残高 30、舞修 11.2、舞广 8.4 厘米

2007 年德清县亭子桥窑址出土，现藏于德清县博物馆

于部残。平舞，弧于，合瓦形器身。插柄截面呈长方形，与舞交接处有方台。灰白色胎。内外通体施满釉，釉色青黄，有玻光感。舞部与插柄方台上均饰云雷纹，器身近舞部处饰云雷纹与单线三角形，三角纹内也填云雷纹。舞部有明显的支烧痕迹，插柄釉面玻光感较差，柄尖生烧。装烧时系于口朝上，柄部插入有孔的支具上支烧。[撰文／陈元甫]

### 句鑃

战国

高 21.6、口径 10.2、底径 19.2 厘米

2009 年德清县坞里窑址出土，现藏于德清县博物馆

--------------------------------------------------------

平舞，弧于，器身呈合瓦形，铣部尖锐，两侧斜直，体形较大，腹腔较深，舞上插柄残断。胎壁较薄，胎色灰黄。器表通体施满釉，釉层薄而比较匀净，整体釉面较好，釉色青中泛黄，釉面明亮，有较好的玻光感。舞部饰云雷纹，钲与舞部连接处饰云雷纹和双线三角形纹。[撰文／陈元甫]

**悬鼓座**

战国

通高 32、底径 51 厘米

2009 年德清县弯头山窑址出土，现藏于德清县博物馆

- - - - - - - - - - - - - - - - - - - - - - - - - - - - - - - - - - - - - - - - - - - - - - - - - - - - - - - - - - - - - - -

器形极大，座身呈大型圈足状，弧顶，周边折直，中空，底部开敞，顶部中心有长管状插孔，座身四周有等距离分布的四个大型铺首衔环，每个铺首的右下侧设有一个圆形镂孔。灰白色胎，胎壁厚达 2 厘米左右。外壁通体施釉，釉层均匀明亮。插管和座身近底足部位拍印云雷纹，弧顶以四道粗凸弦纹分隔成内外五层区域，座身满饰深浅不一、凹凸不平、颇具浮雕感的戳印蟠螭纹。器物不但体形硕大，而且做工精细，纹饰优美。［撰文／陈元甫］

# 编后记

原始瓷是于越人的伟大发明与创造，是反映古越物质文化的杰出代表。浙江，作为于越人的主要活动区域和建国之地，是原始瓷烧造和出土数量最多、器类最丰富、组合最完整、发展序列最齐全的地区。

新中国成立以来，尤其是最近 30 年以来，浙江各地商周时期的墓葬、遗址和窑址发掘中，出土了大量的原始瓷。这些原始瓷，不仅有一般的日用器皿，还有仿青铜的礼乐器，不仅仿中原的器形和纹样，也有越人特有的造型和装饰，它们是越文化内涵中的精髓，更是研究越文化的重要材料。

这些出土原始瓷分散收藏于全省各地的博物馆或考古所中，不少从未有机会展示或发表，因此，将这些分散的资料集中整理，公开发表，既是充分反映我省出土商周原始瓷整体面貌的需要，也是我们今天深入研究原始瓷和越文化的需要。在考古学研究日益向纵深发展的今天，已显得尤为重要和迫切。

鉴于不少重要而精美的原始瓷器出土于各种建设施工，虽然有明确的出土地点，但遗迹已被破坏，把这些资料以简报或报告的形式发表，显然很不实际。因此，2008 年底，我们申请立项编辑出版一本浙江地区出土商周原始瓷图录，以全面展示我省出土商周原始瓷的整体面貌，所里很快就批准了这个项目。

2009 年，我们几乎走遍全省各地的博物馆与考古所，了解原始瓷的出土、收藏和保存状况，并对各地出土的原始瓷进行了拣选。今年上半年，再赴有关市县，完成了对选取文物的拍摄工作。

本图录收录的原始瓷主要是出土于各地墓葬。收录的资料截止到今年 11 月本书付印前，包括了最新的发掘资料。全书共收录全省各地出土原始瓷器 267 件（套）。这些器物，时代从商代至战国末期，是原始瓷产生、发展、繁荣、鼎盛、衰落各时期的代表性作品，最能反映浙江出土商周原始瓷的整体面貌和时代特征。

图录的编辑出版工作得到了本所领导的高度重视和大力支持。在拍摄和编写过程中，不仅提供了人员和设备，更给图录的出版提供了经费保证。

图录的编辑出版工作还得到了省博物馆、市县博物馆和考古所领导及同行们的大力支持与协助。在挑选和拍摄文物过程中，他们都给予了热情的帮助与积极的配合，把文物从库房、甚至展柜中一件件提取出来拍摄照片，给我们提供了许多方便，并且还认真撰写图片说明。

本所摄影师李永嘉不辞辛苦，花费了大量的时间和精力，随我们赶赴各地拍摄文物照片。

在此，向所有给予我们支持和帮助的领导与同仁致以最为诚挚的谢意！

我们真诚地希望本图录的编辑出版，能对文博界同行和广大文物爱好者的学术研究及深入了解原始瓷所蕴含的丰富文化含义能有所裨益。

编　者

2010 年 11 月 15 日

摄　　影：李永嘉
封面设计：张希广
版式设计：葛晓霞
版式制作：谢　飞　张俊岭
责任印制：陆　联
责任编辑：谷艳雪

**图书在版编目（CIP）数据**

古越瓷韵：浙江出土商周原始瓷集粹／浙江省文物
考古研究所编著．－－北京：文物出版社，2010.11
　ISBN 978-7-5010-3086-6

　I．①古…　II．①浙…　III．①　原始瓷器－浙江省－
商周时代－图录　IV．①K876.32

　　中国版本图书馆CIP数据核字（2010）第220256号

# 古 越 瓷 韵
浙江出土商周原始瓷集粹
浙江省文物考古研究所　编著

文物出版社出版发行
（北京市东直门内北小街2号楼）
http://www.wenwu.com
E-mail:web@wenwu.com
浙江影天印业有限公司印制
新华书店经销
889×1194 毫米　1/16　印张：17.5
2010年11月第1版　第1次印刷
ISBN 978-7-5010-3086-6
定价：360.00元